DICTIONNAIRE

DE

TITRES ORIGINAUX.

DICTIONNAIRE
DE
TITRES ORIGINAUX,

Pour les Fiefs, le Domaine du Roi, l'Histoire, la Généalogie, & généralement tous les objets qui concernent le Gouvernement de l'Etat;

OU

Inventaire Général du Cabinet du Chevalier Blondeau de Charnage, Pensionnaire du Roi, Associé Etranger de l'Académie Royale d'Angers, ci-devant Lieutenant d'Infanterie; demeurant à Paris, Vieille rue du Temple, près l'Hotel de Soubise.

TOME CINQUIEME.

A PARIS,

De l'Imprimerie de N. Fr. VALLEYRE, le jeune, rue S. Severin vis-à-vis l'Eglise, à l'Annonciation.

M. DCC. LXXIV.

Avec Permission & Privilége du Roi.

DISCOURS PRÉLIMINAIRE.

Je n'ai pas donné à ce cinquieme Tome de mon Dictionaire, l'étendue que j'aurois désiré; mais je le fais imprimer à mes frais, & mes quatre premiers Tomes ont été imprimés par souscription.

Comme mon Privilége finit au quatorzieme jour du mois de Mars de cette année, j'en demanderai la prolongation; j'espére de la bonté du Ministre, qu'il voudra bien me l'accorder ; dès-lors je réunis ſous un point de vûe les différentes parties de mon Cabinet, concernant l'objet Généalogique des Grandes Maiſons & des Familles Nobles du Royaume ; je donne les extraits des Titres en originaux, qui ſont dans mon Cabinet, & qui concernent ces Maiſons & Familles ; j'indique des ſources dans leſquelles elles trouveront certains de leurs Titres ; je ne m'interromps plus pour cet objet ; je fais connoître un très-grand nombre de Familles Nobles ; je n'avance aucun fait qui ne ſoit prouvé par Titres authentiques, & je ne hazarderois jamais de parler des Familles, ſur des Mémoires que l'on pourroit m'envoyer ; *mon Ouvrage ſera donc, en quelque ſorte, un Ouvrage Généalogique ; la Généalogie eſt une Branche de la Littérature ; elle a une liaiſon intime avec l'Hiſtoire, par le rapport qu'elle a aux grandes Maiſons qui ont donné mouvement aux affaires, ſoit générales, ſoit particulieres, & qui en ont été* comme l'Ame.

Si l'on convient que l'objet Généalogique ſoit une Branche de la Littérature, & qu'il en faſſe par-

tie, il s'ensuit que la carriere en est ouverte à quiconque en possède les Talens, & qui se fait une loi de n'avancer aucun fait qu'il ne prouve par Titres authentiques; tel est mon principe, & je ne m'en écarterai jamais; *je suis connu par plusieurs de mes Ouvrages, & entr'autres par mon Livre en deux Tomes, intitulé :* le la Bruyere Moderne, ou Œuvres du Chevalier Blondeau, *&c. Ouvrage dans l'imitation des Mœurs ou Caractéres du siecle, par Monsieur de la Bruyere; j'ai donné un autre Ouvrage intitulé :* le Philosophe Babillard; *il est* *dans l'imitation* du Spectateur Anglois ; *j'en ai donné plusieurs autres.*

J'en conclus qu'il m'est permis d'embrasser l'objet Généalogique.

Fin de mon Discours Préliminaire.

ERRATA.

Page 72, lignes 19 & 20, copie collationnée en forme probante du Roi : *lisez*, copie collationnée d'une Ordonnance en forme probante du Roi.

DICTIONNAIRE
DE
TITRES ORIGINAUX

SUITE du premier Dictionnaire de Titres & de Renseignemens pour les Généalogies dans le vrai.

B

BRUC (de) Maison ancienne en Bretagne, porte, *d'argent à une Rose de gueules, à six feuilles simples, percées d'or* : ces Armes ont été présentées & reconnues l'an 1668, en la Chambre établie pour la Réformation de la Noblesse de Bretagne; M de Vertot en son Histoire de Malthe, Tom. VII, p. 362, 373 & 376, rapporte les Armes de la Maison de Bruc, avec cette différence qu'au lieu de dire, *à une Rose*, il dit, *à la Rose*, & qu'en un endroit, il a obmis le mot d'*or*, en parlant des six feuilles *simples percées d'or*. Cet Auteur rapporte ces Armes pour *Gabriel* de Bruc, du Diocèse de Nantes, Chevalier de Malthe, le dernier Septembre 1655, pour un autre *Gabriel* de Bruc, aussi Chevalier de Malthe en 1693; & au sujet de Luc-*Joseph* de Bruc, Chevalier du même Ordre, en l'année 1711.

Palliot, en la vraie & parfaite Science des Armoiries, pag. 106, représente les Armes de la Maison de Bruc, en ces termes, *d'argent à la Rose de gueles boutonnée d'or*. Segoing, en son Traité héraldique, pag. 369, employe les mêmes termes, & l'Auteur du Dictionnaire héraldique étant au Tom. VI, pag. 404 des Tablettes, hist. généal. & chron. semble à ce sujet avoir copié les premiers. L'on doit se tenir pour la définition des Armes de la Maison de Bruc, aux termes employés & reconnus en la Chambre établie pour la Réformation de la Noblesse de Bretagne, tels que je les ai rapportés.

La Rose, * dit Palliot, *se figure en Armoiries par fois avec la queue, & alors*

* Ouvrage que je viens de citer de cet Auteur, pag. 574.

on l'appelle Rose soutenue, tantôt sans queue, mais toujours épanouie & ouverte, &c. La Maison de Bruc porte *la Rose sans queüe*. Cette Rose ressemble par conséquent au Tourteau & au Bezan; des raisons paticulieres donnent lieu à cette remarque; je ne dois pas oublier, que la Maison de Bruc a pour supports deux Anges, & pour devise, *Flos Florum, Eques Equitum.* il paroît que cette Maison a donné son nom à la Seigneurie de Bruc, située en la Paroisse de Guemené-Penfaou, Évêché de Nantes en Bretagne. * Cette Seigneurie qualifiée aussi Châtellenie, a tous les ornemens & droits appartenans à une belle Terre, » comme Bâtimens, Parc, Bois de haute » futaye, Buissons, Riviere, Étangs, » Moulins, Droit de Guet, Coutume, » Police, Four bannal & autres, & à » plusieurs Gentilshommes & belles » Maisons qui en relevent prochement, » noblement avec Devoirs de foi & hom» mage, rachapts, Chambellenage & » Rentes, & entr'autres la Viellecourt, » Treguel, Trenon, Juzet, la Vieille-

* Généalogie de la Maison de Bruc, imprimée l'an 1660.

» ville, la Hignonnaye, le Parc-au-Cerf, » les deux Guilliers, Coeſquenet, & par- » tie de celles de Monncüel, Friledel, » Callec & autres.

La Maiſon de Bruc eſt du nombre de celles dont l'origine ſe perd dans le nombre des ſiécles; l'on trouve des preuves de ſon ancienneté dans les Hiſtoires de Bretagne, & en d'autres ouvrages de réputation; c'eſt dans ces ſources où je puiſerai. J'ai d'ailleurs les Extraits par Copie collationnée d'un grand nombre de titres de la Maiſon de Bruc; & j'ai auſſi la Généalogie de cette Maiſon qui a été produite & vérifiée l'an 1668, devant la Chambre établie pour la Réformation de la Nobleſſe de Bretagne; ces deux piéces ſont d'autant plus autentiques, qu'elles m'ont été envoyées par M. le Comte de Bruc de la Viellecour, Chef de nom & d'Armes de ſa Maiſon; ces Titres prouvent qu'elle étoit connue en Bretagne dès l'an 1200 l'on trouve, avant ce tems, que les Vicomtes de Bruc (*Vicecomites Bruciæ*) avec les Vicomtes de Limoges, accorderent pluſieurs immunités ou exemptions à l'*Abbaye* de Bonlieu, Diocèſe de Limoges, fondée l'an 1121; & que Ademar de Bruc fut présent à un Acte daté l'an 1184, le VIII des Ides de Mai, par lequel Archambaut de Comborn & Jordane sa femme affranchirent la même Abbbaye de tous Péages dans leurs Terres situées près le Château de Pompadour : la preuve de ces deux faits se trouve au Tome 2, col. 628 & 629 du *Gallia. Christiana Dionisii Sammarthani*. Je la rapporte cette preuve; elle est au Catalogue des Abbés de Bonlieu, au sujet de Jean de Comborn, troisiéme Abbé de cette Abbaye, en ces termes.

» III. Johanes I de Comborn, anno » 1174, testis in Charta Guidonis Albu- » conensis apud Castrum suum scripta » ibidus Decemb. Ecclesiam & Claustra » perfecit, plurimasque eidem immuni- « tates contulerunt Vicecomites Bruciæ, » Lemovicenses, & Archembaldus Com- » bornii, cum Jordana uxore donant li- » bertatem ab omni pedagio in terris suis » apud Castrum de Pompadour, an. » 1184, VIII Idus Maii, præsentibus Ab- » bate Vasiensi & Ademaro de Bruciâ.

Les Seigneurs de Bruc en Bretagne trouveroient vraisemblablement les anciens Titres de leur Maison, dans les Archives de l'Abbaye de Bonlieu.

La Maiſon de Bruc a été partagée en différentes Branches ; quelques-unes ſont éteintes ; il en ſubſiſte aujourd'hui trois ; ſçavoir, la Branche des Seigneurs de la Viellecour, *aînée* & principale de cette Maiſon. Celle de Bruc qui poſſéde la Seigneurie de Bruc depuis l'an 1596, & la Branche des Seigneurs de Montplaiſir, Marquis de la Guerche.

Les Seigneurs de la Viellecour ont prouvé l'an 1669, qu'ils étoient les aînés de leur Maiſon, devant la Chambre établie pour la Réformation de la Nobleſſe Bretagne. Je rapporte cette preuve : elle eſt en tête du Recueil par extraits des Titres par copie collationnée, qui m'a été envoyée ; je tranſcris donc cette piéce mot à mot.

» Extrait des Titres de Famille de la » Maiſon de Bruc, tirés des Papiers de » M. le Comte de Bruc, Chef du nom & » d'armes de la Maiſon de Bruc, colla- » tionné, par Ecuyer Michel Mabille, » l'un des Secrétaires du Roi, Maiſon & » Couronne de France.

» Extrait d'induction que fait devant » Noſſeigneurs les Commiſſaires du *Par-* » *tement* pour la Réformation de la No- » bleſſe de Bretagne, Meſſire Sebaſtien

» de Bruc , Chevalier , Seigneur de la » Viellecour , ainſi qu'il fut ordonné par » la Déclaration du Roi & de l'Arrêt de » ſon Conſeil d'État, année....

» Induit pour cet effet la Déclaration faite » au Greffe le 22 Décembre 1668, avec » l'écuſſon de ſes Armes, qui ſont *d'ar-* » *gent à une Roſe de gueules, à ſix feuil-* » *les ſimples percées d'or*, enſemble cotté » A, dit que la Généalogie de la Maiſon » de Bruc a été articulée *depuis l'an mil* » *deux cent*, juſqu'à préſent. M. de Bruc, » Conſeiller en la Cour, en a fait la » preuve, & il a été jugé par Arrêt du 23 » Novembre 1668, par lequel il a été dé- » claré Noble, & à lui permis & à ſes » Deſcendans de prendre *les qualités* » *d'Écuyer & de Chevalier*, qui ſont les » mêmes qualités que demande le pro- » duiſant ; & pour *apparoir* de ce que » deſſus, induit deux piéces; la pre- » miere eſt ladite Généalogie, & la ſe- » conde eſt ledit Arrêt du 23 Novembre » 1668, enſemble cotté B.

» Par ledit Arrêt, les Titres deſquels » M. de Bruc eſt ſaiſi, ſont articulés & » datés : la Chambre en a encore la » mémoire, & ainſi il ſuffit, *ſauf cor-* » *rection*, audit Produiſant, de juſtifier

» qu'il est de même Famille, de même » Maison; *voir même, il sera connoître » qu'il est issu d'aîné, & par consequent » l'aîné de sa Maison, suivant la Genea- » logie produite par mondit sieur de Bruc, » Conseiller au Parlement, dressée par » Messire René de Bruc, Chevalier, Sei- » gneur dudit lieu.*

» A la page 15 de la fin de ladite Gé- » néalogie, il se voit que Gilles de Bruc, » Seigneur de la Viellecour, troisiéme » fils de René I de Bruc, Seigneur de » Bruc & de Raouline * le Prevost, épou- » sa Jeanne Jubier, fille aînée & prin- » cipale héritiere de Jean Jubier, Sei- » gneur du Brossay & de Guillier, & » & qu'ils eurent pour fils unique Jean » de Bruc, marié le 6 Juin 1532, à » Jeanne l'Evesque; & il se voit que les- » dits Jean de Bruc & Jeanne l'Evesque » eurent cinq enfans; sçavoir, Jean de » Bruc, Guillaume de Bruc, François » de Bruc, Jeanne de Bruc & Valentine » de Bruc; & Guillaume de Bruc de- » vint l'aîné par la mort de ** Jean de » Bruc, tellement que ladite Généalo-

* *Aliàs* Provost.

** Ce Jean de Bruc étoit frere aîné de Guillaume de Bruc dont il s'agit.

» gie dressée par ledit défunt pere de M. » de Bruc, contient à la vérité des actes & » des partages ci dessus ; sçavoir, que » Jean de Bruc & Jeanne l'Evesque sont » les troisiéme ayeul & ayeule dudit » Produisant, & de mondit sieur de » Bruc, *& que ledit Produisant est descen- » du de Guillaume, fils aîné dudit Jean ; » & M. de Bruc, Conseiller, de François, » frere puîné dudit Guillaume.*

» Conclusion de M. le Procureur Gé- » néral pour le maintien de la qualité » de Chevalier & d'ancienne extraction.

» Vû l'induction des actes & titres de » Sebastien de Bruc, Sieur de Viellecour, » aux fins d'être maintenu d'ancienne » extraction & Chevalerie noble, ayant » pour Armes, d'argent à une Rose de » gueulles à six feuilles simples, percées » d'or, les actes & titres employés en » ladite induction ; je consens pour le » Roi, ledit de Bruc être maintenu en » la qualité d'Ecuyer & de Chevalier, » & comme tel, mis au rôle des Nobles » de l'Evêché de Nantes. Fait au Parquet » le 27 Février 1669.

» Ainsi Signé CHUCHET.

Ce que l'on vient de lire prouve que la Maison de Bruc a été maintenue en la qualité de Chevalier, & par conséquent d'ancienne extraction : l'on y voit aussi que les Seigneurs de la Viellecour sont les aînés chefs de nom & d'armes de la Maison de Bruc; & l'on y observe que la Maison de Bruc avoit *articulé* & vérifié sa Généalogie jusqu'en l'an 1200, devant la Chambre établie pour la Réformation de la Noblesse de Bretagne.

Guethenoc de Bruc, suivant la Généalogie dont je viens de parler, est le premier à qui la Maison de Bruc rapporte son origine ; il vivoit en l'année 1200. On lui donne pour fils *Alain* de Bruc, lequel eut quatre fils; sçavoir, Guillaume de Bruc, dont je vais parler, & lequel a continué la postérité; *Thibaut* de Bruc, Chantre de l'Eglise Cathédrale de Tréguier ; Yves de Bruc, Religieux de l'Ordre des Freres Prêcheurs ; & *Alain*, deuxiéme du nom de Bruc, Evêque de Tréguier, en l'année 1279, mort en 1285 ; Robert en son *Gallia Christiana*, p. 492, en fait mention au Catalogue des Evêques de Tréguier, en ces termes : 87. *Alanus le Bruc* 1279. *Quo sedente Franciscani stabiliti* 1283. *Guincampi*. Le Pere du Pas en parle aussi en son Livre intitulé : *Histoire Gé-*

néalogique de plusieurs maisons illustres de Bretagne & avec l'Histoire Chronologique des Evêques de tous les Diocèses de Bretagne; c'est à la pag. 851 & 852, & au Catalogue des Evêques de Triguier. *Alain le Bruc*, dit le Pere du Pas, *vivoit l'an 1279 & 1285; de son temps, Saint Yves étoit Official de Treguier*; ce Prélat* fit une donation à son Eglise, où il est fait mention de son ayeul, de son pere, & de ses freres : cette Charte commence en ces termes: *Alanus filius Alani filii Guethenoci de Bruc, D. G.* (Dei gratia) *Episcopus Trecorensis*, &c.

Guillaume I. du nom du Bruc, frere *d'Alain*, Evêque de Tréguier, ** accompagna Jean I. du nom, Duc de Bretagne, surnommé *le Roux*, en son voyage de la Terre Sainte l'an 1270. *** Il est nommé au rang des Seigneurs de Bretagne, qui accepterent par Lettres scellées du Sceau de leurs Armes, l'Assise, ou Ordonnance du même Jean I, Duc de Bretagne, faite à Nantes, le Samedi avant la saint Hilaire, au commencement de Janvier de l'an

* Généalogie de la Maison de Bruc.

** Idem.

*** Hist. de Bretagne par Dom Lobineau T. de l'Hist. pag. 271 & 272.

1276 ; par laquelle, ce Prince changea le bail en rachat. Dom Lobineau a écrit les noms de la plûpart des Seigneurs de Bretagne, mentionnés en cette Ordonnance, d'une maniére différente qu'ils le ſont dans le titre même, imprimé aux Col 1037, 1038, & 1039 du Tom. I des Mémoires pour ſervir à l'Hiſtoire Eccl. & Civile de Bretagne : j'en cite quelques exemples. On lit dans le titre, *Guillaume Seignor de Roichefort* : Dom Lobineau a écrit *Rochefort* ; il a auſſi écrit *Rougé* pour *Rogé*, *Machecou*, *au* lieu de *Machecol*, *le Bœuf* en place de *le Buef*, *la Roche* pour *la Roiche*, *la Tour* au lieu de *la Tor* ; de même, on lit de *Breux*, au lieu que l'on doit lire *de Bruc*. Il ſe fit pluſieurs Originaux de l'Ordonnance contenant le changement du bail, ou garde noble en rachat. Dom Lobineau nous apprend qu'il y en a ſix au Château de Nantes. Dom Morice en fait mention, & dit, *qu'un original du même acte étoit ſcellé des Sceaux d'Hervé de Bouteville, de Guillaume de Breux & d'Alain le Veyer.* Dom Lobineau a écrit *le Voyer* pour le Veyer, l'on doit par conſéquent dire *de Bruc*, & nom de Breux ; puiſqu'il eſt vrai que jamais en Bretagne il n'y a eu de famille du nom *de Breux*. Il se trouve parmi les titres de la Maison de Bruc un acte en original de ce changement de Bail, semblable à ceux que je viens de citer ; d'où l'on peut juger que ce titre se donnoit dans le tems même, par *Duplicata*, à chacun des Seigneurs qui acceptoient l'Ordonnance du Duc, pour la *mutation* du Bail en rachat.

IL est parlé de ce bail dans les Histoires de Bretagne : les Relations en sont plus ou moins étendues. * Dom *Lobineau* en fournit plusieurs Traits *épars*, que cet Auteur éclairé eût pû donner sous un seul point de vue ; il envisage avec raison le bail au Garde noble, comme une Coutume injuste & inhumaine. Le Souverain s'emparoit des biens des Mineurs, des Seigneurs Suzerains ; & à son exemple, ceux-ci se saisissoient du bail des Mineurs de leurs Vassaux ; c'est-à-dire, qu'ils s'emparoient de leurs biens : le pretexte étoit la nécessité de ne point diminuer les services Militaires des Fiefs. Le Souverain & les Seigneurs Suzerains se croyant en

* Hist. de Bretagne, Tom de l'Histoire, pag. 72, 234, 235, 272.

droit de pourvoir à ce que le ſervice ſe fit ſans diminution, nonobſtant le bas âge des Mineurs; » ce qu'il y avoit d'é-»trange dans ce brigandage, *dit Dom* » *Lobineau*, c'eſt qu'on n'avoit aucun » ſoin de l'entretien, ni de l'éducation » des Mineurs, ni de payer les dettes » du défunt, ni d'accomplir ſes derniè-» res volontés ; enſorte que, quand le » Mineur avoit atteint l'âge de 21 ans, » il ſe trouvoit chargé de dettes, ſans » armes, ſans équipage, ſans éducation.

Le Préſident d'Argentré * nous re-préſente ce bail odieux, comme un de-voir auquel toute la Nobleſſe étoit te-nue envers le Prince, à moins qu'il n'y eût titre d'exemption: c'étoit *un droit commun & civil du Pays* ; & ce droit étoit tel, » qu'advenant le décèz d'un » Chef noble de maiſons, laiſſant enfans » mineurs, toute ſa terre noble tenue » prochement du Duc, & en quelque en-» droit en arrière Fief, tomboit en la » main du Duc, fut en ligne directe ou » autrement ; & jouiſſoit le Prince de » tout le revenu de ladite terre, juſqu'à » l'âge de vingt ans dudit Mineur hé-

Hiſtoire de Bretagne, pag. 310.

» ritier, dont il advenoit que les Rece-
» veurs & Fermiers du Duc ne vouloient
» pas faire les frais de la nourriture des
» Mineurs aux Eſcholes, ni aux autres
» Inſtitutions de la jeuneſſe, ni pour
» les réparations des Maiſons, ni pour
» l'exécution des teſtamens, ni paye-
» ment de detes, dont il advenoit beau-
» coup d'inconvéniens, &c.

L'on voit par cette narration, tout le vice du bail, ou, Garde-noble qui s'étoit établi en Bretagne. Dom Lobineau & Dom Morice, en leurs Hiſtoires de Bretagne, recherchent l'origine de cette Coutume barbare.

Les Souverains de Bretage, avant * Géofroi II, devenu Duc de Bretagne du Chef de Conſtance ſa femme, fille & héritiére de Conan, Duc de Bretagne, avoient peu d'autorité dans la Province; ils ne pouvoient faire aucune impoſition capitale, ſans le conſentement des Prélats & des Barons : on appelloit rarement à eux, des jugemens rendus par les Comtes & les Vicomtes. Les Hauts Seigneurs pouvoient conſtruire des Châteaux, & les fortifier ſans la permiſſion

* Il étoit fils de Henri II, Roi d'Angleterre, & d'Eleonore d'Aquitaine.

du Duc ; ils avoient le droit de *Bris* ou de *Lagan* sur leurs terres. Le Duc ne pouvoit lever l'imposition par tête (*viragium*) sur les hommes des Barons ; & les Seigneurs servoient à leurs dépens avec le nombre de Chevaliers qu'ils devoient fournir à L'ost ; quand au Bail des Mineurs, les Ducs ne l'avoient point : les Nobles le donnoient à celui de leurs parents que bon leur sembloit ; chacun faisoit librement son testament & ordonnoit, comme bon lui sembloit, de ses dettes, de ses aumônes & de la tutelle de ses enfans.

Les Seigneurs du premier rang avoient borné à un tel point l'autorité des Ducs ou Comtes de Bretagne, que ceux-ci n'étoient à l'égard des autres que *primi Interpares*. Le Duc Géofroi II crut qu'il ne devoit pas demeurer dans ces bornes étroites, que les Seigneurs du premier rang avoient marquées à l'autorité de ses Prédécesseurs. Ce Prince soutenu de toutes les forces du Roi d'Angleterre son pere, chassa plusieurs Barons, dépouilla les autres de leurs droits, *& fit sentir à tous qu'il vouloit être le maitre* ; ce ne fut pas lui toutesfois, qui établit le bail dans sa rigueur ; car, par son *Assise* que l'on appelle *l'Assise du Comte Géofroi*, le bail des terres des Mineurs devoit appartenir au frere du pere, ou s'il n'y avoit point de frere, à celui des parents à qui le pere l'avoit laissé en mourant, *avec le consentement du Seigneur.* Ce consentement, remarque Dom Lobineau, étoit du génie & du stile d'Angleterre; il supposoit la nécessité de ne point diminuer les services Militaires des Fiefs, & c'est ce qui donna lieu au *Bail*, dont les Seigneurs s'emparerent insensiblement. Il est probable, à ce qu'il me paroît, que la Duchesse Constance, après la mort de Géofroi II, son premier mari, donna elle-même l'exemple de l'usurpation du bail des Mineurs, en se saisissant de celui de *Herve*, Prevôt de Lamballe; mais Pierre de Dreux, dit Mauclerc, devenu Duc de Bretagne, parvint à l'introduire; tout en Bretagne subit cette loi. L'on ne voit, dit Dom Lobineau, que Raoul de Fougéres & deux ou trois autres qui se soient fait accorder une exemption de bail par Pierre Mauclerc; mais les Seigneurs Suzerains, ajoute cet Auteur, s'en dédommagerent, & prenant en récompense le bail de leurs sujets, ils l'étendirent ce bail sur les Juveigneurs de leurs Vasſaux à l'excluſion des aînés de ces Juveigneurs.

Le déſordre, comme l'on vient de le voir, fut Général, juſqu'à *Jean* I. du nom, Duc de Bretagne, dit le *Roux*, lequel abolit le droit de bail, & le changea en celui de rachat par ſes Lettres de l'an 1275; *c'eſt-à-dire*, dit Dom Lobineau, *qu'il ſe contenta d'exiger une année du revenu des héritiers après la mort de leurs peres, permettant à tous les Barons ſes ſujets d'établir, dans leurs dépendances, la même Loi de rachat.*

Cette digreſſion m'a éloigné de mon ſujet : je reprens la maiſon de Bruc.

Guillaume IIe du nom de Bruc, Chevalier, Seigneur de Bruc *, ſervit juſqu'en l'année 1344 *Charles* de Blois, Duc de Bretagne, dans les Guerres que ce Prince eut à ſoutenir contre Jean de Bretagne, Comte de Montfort, ſuivant qu'on le voit par les Monſtres de la Maiſon de Penthiévre, où on lit qu'il étoit payé pour trois hommes d'Armes. Il eſt prouvé par les titres de la Maiſon de Bruc, par ceux de la Maiſon de Callac, & par une vieille enquêre concernant une Tutelle, qu'il épouſa *Adelice*

* Généalogie de la Maiſon de Bruc.

de Callac, fille de Pierre, Seigneur de Callac, & de Philippe le * Veyer, sœur de Daniel le Veyer, Evêque de Nantes, & fille de Jean le Veyer, Seigneur de Trémelan I; il est aussi prouvé par les titres de la maison de Bruc, que Guillaume II du nom, Seigneur de Bruc, eut entr'autres enfans, Pierre Seigneur de Bruc lequel à continué la postérité, dont je parlerai à l'instant.

Il paroît que suivant le tems, Guillaume II du nom de Bruc, eut encore trois autres fils, sçavoir, *Guillaume* de Bruc qui, en l'année 1375, servoit en qualité d'Ecuyer, en la Compagnie d'Olivier, Sire de Clisson, Baron, composée d'un autre Baron, de 33 Chevaliers-Bacheliers, & de 165 Ecuyers, étant aux gages du Roi de France, suivant qu'on le voit ** en la Monstre qui en fut faite à Vannes le premier jour du mois de Février de ladite année 1375. *** Le même Guillaume de Bruc

* *Alias* le Voyer.

** Cette Monstre est en la Chambre des Comptes de Paris; elle est imprimée au T. II, Col. 101 des Mémoires pour servir à l'Hist. Eccl. & Civile de Bretagne, par Dom Morice.

*** Hist. de Bretagne par Dom Lobineau, Tom. de l'Hist. pag. 414.

ſe trouva à la priſe d'Aurai le 15 Août 1377, étant encore en la même Compagnie du Sire de Cliſſon, composée alors de deux cens lances complettes. Le » Roi Charles V avoit envoyé plusieurs » Seigneurs de France & de Bretagne, » pour aſſiéger cette place : le Siége fut » aſſez long. Les Aſſiégés, après avoir at-» tendu envain du ſecours, traiterent » avec les Aſſiégeans, promettant de ſe » rendre à certain jour, ſi le Duc de » Bretagne ou le nouveau Roi d'Angle-» terre ne leur envoyoient une Armée » capable de faire lever le Siége ; ce qui » n'étant pas arrivé, ils ſe rendirent à » à Olivier de Cliſſon, Lieutenant du » Roi en Bretagne, le 15 Août 1377.

Herve & *Bertrand* * de Bruc, ſuivant le tems, furent auſſi les fils de Guillaume II du nom, Seigneur de Bruc ; ils ſervoient en 1371, en qualité d'Ecuyers en la Compagnie de Girard, Sire Rais, composée d'un Chevalier Bachelier & de 27 Ecuyers, & étant ſous le commandement de Bertrand du Gueſclin, Connétable de France, ſuivant ** la Monſtre de cette Com-

* On lit *Bruq* & *Bruc*.

** Cette Monſtre eſt imprimée au Tom. I,

pagnie, reçue à Dreux le 10 Avril de ladite année 1371; il est probable que cette Compagnie servit à la conquête que le Connétable du Guesclin fit sur les Anglois, du Poitou, de la Xaintonge, du Rouergue & du Limousin.

Pierre de Bruc, Seigneur de Bruc, touchant lequel j'ai prévenu le Lecteur, est nommé * au rang des Gentilshommes de Bretagne, qui s'associerent le 26 Avril 1379 pour empêcher l'invasion du Pays; ** il est encore nommé au rang de Chevaliers, & Ecuyers du Duché de Bretagne, qui, en conséquence des Lettres de Jeanne, Duchesse de Bretagne, Comtesse de Penthiévre, Vicomtesse de Limoges, & de Henry de Bretagne son fils, données à la Roche Dérien le deuxiéme jour de Mai de l'an 1381, ratifierent le second Traité de Guerrande, qui avoit été fait en la Ville de Guerrande, *** *le* 10 *Avril*

Col. 1648 des Mémoires pour servir à l'Hist Eccl. & Civile de Bretagne, par Dom Morice.

* Mémoires pour servir à l'Hist Eccl. & Civile de Bretagne, Tom. II, Cor. 216, Hist. de Bretagne par d'Argentré, pag. 596, 597.

** Tom I par Dom Morice, que je viens de citer, Col. II 280.

*** Généalogie de la Maison de Bruc.

1380. Entre Charles V du nom, Roi de France ; d'une part, & *Jean* Duc de Bretagne, Comte de Montfort & de Richemont, d'autre part ; *& jurérent & promirent sur les Saints Evangiles de icelui, tenir, garder & accomplir.*

Pierre, Seigneur de Bruc, épousa *Isabeau*, Dame de la Bouteuillaye, à condition que cette terre appartiendroit à un fils qui en prendroit le nom & les armes. Il eut deux fils, sçavoir, *Géofroi* de Bruc, Seigneur de Bruc, qui a continué la postérité, & dont je parlerai ; & *Jean* de Bruc, Seigneur de de la Boutueillaye, & l'Adriennaye, Vice-Chancelier de Bretagne ; il prit les Armes de la Boutueillaye, & ne quitta point le nom de Bruc. Ce Seigneur est non-seulement connu par les titres de sa Maison, mais encore * par plusieurs titres de l'Histoire, depuis & compris l'an 1404, jusques & compris l'année 1420. On le trouve du Grand Conseil

* Histoire de Bretagne, par Dom Morice, Tom. II des Pr. Col. 744, 745, 769, 810, 810, 821, 830, 883, 890, 891, 892, 893, 894, 900, 1090. Hist. de Bretagne par Dom Lobineau. Tom. de l'Hist. pag 555, Archives de la Maison de Bruc.

de Jean VI du nom, Duc de Bretagne, lorſque ce Prince par ſes Lettres datées au Château de Nantes, le 14 Janvier 1404, déchargea, attendu qu'il avoit l'age de 14 ans, le Sire du Laval de la curatelle qui lui avoit été donnée de ſa perſonne; les Evêques de Rennes, de Cornouailles, de Vannes & de Léon, furent préſents à cet acte, ainſi que les Seigneurs de Châteaubriant, de Montfort, de Quintin, de Combour, de Montauban, & du Pleſſis-Bertrand, les Abbés de Priéres & de Saint Mahé, Meſſire Etienne Cuevret, Maître Gacien de Monceaux, Bertrand de Roſmadec, Pierre de l'Hoſpital, Jean de Bruc & autres; il étoit encore du Grand Conſeil du Duc de Bretagne, les 13 Avril 1406, 4 Janvier, 8 Août 1407, & premier Juillet, & 17 Octobre 1409; on le voit enſuite premier Maître des Requêtes du même Prince en 1409 & 1413, & Vice-Chancelier de Bretagne, en l'année 1420. Il étoit revêtu de cette dignité, lorſque le même Duc de Bretagne, Jean VI, du nom, l'envoya en Ambaſſade à Rome. L'on a une Ordonnance de ce Prince donnée à Vannes le cinquième jour d'Octobre de l'an 1420, & adreſſée aux Gens tenans ſes comptes pour pluſieurs payemens ; *ſçavoir,* (termes de l'acte) *a noſtre bien ame & feal Conſeiller, Meſſire Jehan du Bruc noſtre Vice-Chancelier, pour envoyer par nous en Cour de Rome, pour le fait du relaſchement de nos vœux, & autres choſes ſecrettes.*

Jean VI, Duc de Bretagne, avoit fait le vœux de faire le voyage d'Outremer ; & l'un des objets de l'Ambaſſade étoit de s'en faire abſoudre. Les choſes ſecrettes, déſignées telles en l'Ordonnance que je viens de citer, vont être miſes au jour. Le Duc étant de retour en ſes Etats l'an 1417, d'un voyage qu'il avoit fait en France, à deſſein de pacifier les troubles, & d'éteindre les Guerres Civiles, où il s'employa de tout ſon pouvoir, la Comteſſe de Penthiévre qui renouvelloit ſes anciennes prétentions ſur la Bretagne, l'attira dans le Château de Chantoceaux, où elle le fit arrêter, & conduire au Château de Palluau, & enſuite en celui des Eſſarts en Poitou ; le Comte de Penthiévre pendant ſa priſon, *extorquat* de ce Prince la promeſſe par ſerment, de lui donner en mariage, Iſabelle de Bretagne

tagne ; sa fille aînée qui avoit été accordée fort jeune par contrat passé en Juillet 1417, à Louis III du nom, Duc d'Anjou & Roi de Sicile ; le Duc pour se faire décharger de ses promesses, envoya en Ambassade à Rome, l'Evêque de Saint Brieux, & *Jean* de Bruc, Vice-Chancelier de Bretagne, qui d'ailleurs furent chargés de se plaindre au Pape des Evêques, des Abbés & des Ecclésiastiques qui avoient trempé dans la trahison du Comte de Penthievre, lequel non-seulement s'étoit fait promettre en mariage la fille aînée du Duc, mais encore avoit forcé ce Prince à donner sa parole qu'il lui payeroit une grosse somme d'argent qu'il lui donneroit » *Montcontour & Sesson*, *&* » *qu'il lui* rendroit Jugon, aussi-bien que » toutes les terres qu'il possédoit, & de» voit posséder dans le Duché avant la » prison du Duc. Le Pape ne fit aucu» ne difficulté d'absoudre le Duc de ses » sermens ; & par sa Bulle du 28 d'Août » donna commission aux Evêques de » Dol, de Nantes & de Saint-Brieux, » de le décharger de ces obligations » qu'on lui avoit fait contracter par vio» lence.

JEAN de Bruc qui a donné lieu à cet article, épousa, selon la Généalogie de sa Maison, une Dame de la Maison de Coetlogon, de laquelle il eut deux fils & deux filles, sçavoir Géofroi de Bruc, mort sans avoir été marié, *Jean* de Bruc, Evêque de Treguier, & ensuite de Dol en 1430, mort en Novembre 1437, & inhumé en l'Eglise Cathédrale de Dol, sous une tombe de cuivre, où l'on voit son Epitaphe : étant Evêque de Treguier, * il scella de son Sceau l'acte du 8 Septembre 1427, par lequel les Etats de Bretagne ratifiérent le Traité de Troyes, du 21 Mai 1420, qui avoit été fait entre les Rois de France & d'Angleterre. Le pere du Pas en son Livre intitulé, Histoire Généalogique de plusieurs Maisons illustres de Bretagne, &c. au Catalogues des Evêques de Treguier, p. 853, fait mention de Jean de Bruc, Evêque de Treguier, & à la page 861, au Catalogue des Evêques de Dol, il nous apprend que *Jean* de Bruc en avoit été le 58 Evêque ; qu'auparavant il

* Mémoire pour servir de Pr. à l'Hist. Eccl. & Civile de Bretagne, par Dom Morice, T. II, Col. 1202.

avoit été Evêque de Treguier, & qu'il mourut le premier jour de Novembre 1437. *Robert* en son *Gallia Christiana*, p. 492. Fait aussi mention de Jean de Bruc, Evêque de Treguier, en ces termes: *Jeannes de Bruc, præstat hommagium Duci Bedfordiæ Regenti, ut dicebatur Franciæ* 1427. *postea Dolencis* 1430, *& au* Catalogue des Evêques de Dol, p. 320. Le même Auteur nous apprend que Jean de Bruc en fut le cinquante-huitiéme, *Joannes le Bruc, ex Trecorenci, obiit Cal. Novemb.* 1437; il est aussi fait mention de ce Prélat au *Gallia Christiana Dionisii Sammarthani*, édition en 4 tom. Paris, 1656, tom. 2, pag. 568, au Catalogue des Evêques de Dol en ces termes » 52 Joannes de Bruc VII ex Trecorensi » Antistite à Martino, V Papa, huc transfertur anno 1430, diem ultimum clausit Calend. Novembris ann. 1437, humatus in Cathedrali cum Epitaphio, » ubi dicitur piæ recordationis & Ecclesiæ Defensor, & è Vennetensi Diœcesi.

Les filles de Jean de Bruc, Seigneur de la Boutueillaye, ont été Marguerite de Bruc, Dame de la Boutueillaye, après la mort de son frere aîné, * mariée à Triſtan de Lalande, Chevalier, Seigneur de Vaurouard & de Guignen, Capitaine de Saint-Malo, puis Gouverneur des Ville & Comté de Nantes, & Grand Maître de Bretagne; & Iſabelle de Bruc mariée *par le vouloir du Duc* à Jean de Maleſtroit, Seigneur d'Oudon, de Viellecour & le Cellier.

Geoffroy de Bruc, Seigneur de Bruc, frere du Vice-Chancelier de Bretagne, amena en ſa compagnie pluſieurs hommes d'armes es deux voyages que Jean VI du nom, Duc de Bretagne, fit à la Cour de France, & reçut une libéralité de ce Prince par ſon ** Mandement *donné a Vannes le* 26 Avril l'an 1409, adreſſé *a Religieux homme & hornete*, ſon bien amé & féal Conſeiller l'Abbé de Saint Mahé, ſon Tréſorier & Receveur Général, portant qu'il eût à payer à ſon bien amé & féal Écuyer,

* Généalogie de la Maiſon de Bruc, Hiſt. généalogique de pluſieurs Maiſons illuſtres de Bretagne, par le Pere du Pas, page 91, 168, 338

** Ce Titre eſt imprimé au Tom. II, Col. 816 & 817, des Mémoires pour ſervir à l'Hiſt. Eccl & Civile de Bretagne, par Dom Morice.

Geoffroy de Bruc la ſomme de 100 liv. *que nous lui avons* (termes de l'acte) *préſentement octroyée & ordonnée en partie de rémuneration des manumiſſions, dommages & dépenſes qu'il a eues & ſouffertes à venir à nos Mandemens, & avoir amené, en ſa Compagnie, pluſieurs hommes d'armes, où les ordonnions venir en noſtre Pays de Bretagne, ès deux voyages que dernierement avons faits en France.*

GEOFROY, Seigneur de Bruc, * étoit marié du vivant de ſon pere. Il eſt prouvé, par un acte du 6 Mai 1396, qu'il épouſa Jeanne de l'Hoſpital, fille de *N.* de l'Hoſpital, Seigneur de la Rouardaye, près Rhedon, & ſœur de Pierre de l'Hoſpital, *Préſident & Juge Univerſel de Bretagne*, de laquelle il eut trois fils; ſçavoir, Pierre II du nom de Bruc qui ſuit; Jean de Bruc, Archidiacre de Nantes & Aumônier du Duc de Bretagne; & Geofroy II du nom de Bruc, homme d'armes de la Compagnie de Triſtan de Lalande, ſon Allié au Siége de Chantoceaux en 1420. Ce

* Généalogie de la Maiſon de Bruc.

fut-là où le Duc Jean VI fut remis en liberté, les Seigneurs & Vassaux de Bretagne s'étant armés pour sa délivrance.

Pierre II du nom de Bruc, Seigneur de Bruc & de la Viellecour, fut l'un des Seigneurs de Bretagne qui accompagnerent leur Duc au dernier voyage que ce Prince fit à Amiens vers les Ducs de Bedfort & de Bourgogne, suivant qu'on le voit en un compte de Raoullet le Neveu, daté à Nantes le 13 Juin 1425, & imprimé au Tom II. Col. 1173 des preuves de l'Histoire de Bretagne, par Dom Morice. Il avoit épousé *Thephaine* de la Noue, Dame de la Viellecour, qui apporta cette Terre en sa Maison, où elle est encore aujourd'hui, & de laquelle il eut deux fils, *Guillaume* III du nom de Bruc, Seigneur de Bruc & de la Viellecour, qui a continué la postérité, & dont je parlerai à l'instant; & *Jean* de Bruc, lequel, selon la Généalogie de sa Maison, fut Evêque de Saint Brieux: on y lit qu'il est peint en ce rang en la Salle épiscopale de ce lieu, avec ses armes & sa devise à côté de lui, & qu'il est mentionné dans les Archives du Chapitre. L'Auteur de cette Généalogie se plaint de ce que ceux qui ont fait le Catalogue des Evêques de Saint Brieux, l'aient oublié; & il ajoute qu'*en cela ils sont tombés en une erreur insupportable.* Il n'est pas douteux que le Continuateur du *Gallia Christiana* ne répare cette omission, quand il en sera aux Evêchés de Bretagne.

Guillaume III du nom de Bruc, Seigneur de Bruc & de la Viellecour* transigea le 20 Août 1424, conjointement avec son pere d'une part; & *Morice* de la Noue, Ecuyer, Seigneur de la Noue & de Launay, neveu de *Thephaine* de la Noue, Dame de la Viellecour, mere de *Guillaume III* du nom de Bruc, d'autre part. La Seigneurie de la Viellecour, par cette Transaction, fut donnée en partage à cette Dame: Guillaume de Bruc est connu par plusieurs Titres, Aveux & *Afflegements* depuis l'an 1426, jusqu'en 1450; l'on voit, par un Aveu qu'il rendit à Jean de Beaumanoir, Chevalier, qu'il avoit épousé *Perrine* de Baulon, d'une ancienne Maison de Bretagne, dont les Armes sont, de *Vair au Sautoir de*

* Généalogie de la Maison de Bruc.

gueules ; il n'eut de son mariage qu'un seul fils, *Guillaume IV* du nom de Bruc, qui suit.

Guillaume IV du nom de Bruc, Seigneur de Bruc & de la Viellecour, comparut l'an 1467 aux Monstres des Gentilshommes de l'Evêché de Nantes, succéda en 1480 à son pere dans les Seigneuries de Bruc & de la Viellecour; & allant avec Amaury, Seigneur de la Moussaye, au secours de *François II*, Duc de Bretagne, assiégé dans Nantes, il fut fait prisonnier au Combat de Joué en 1487, avec René de Bruc son fils aîné, par Adrien de l'Hôpital, & conduit à *Lihons* en Normandie; son fils fut relâché sur sa parole, pour aller en Bretagne chercher le prix de leur rançon; ce qui ayant été effectué presqu'à l'instant, Guillaume de Bruc de retour à Nantes, y mourut l'an 1488, & fut inhumé aux Carmes de cette Ville : il avoit épousé en l'année 1450 Guillemette d'Esdrieuc, fille aînée & principale Héritiere de Guillaume, Seigneur d'Esdrieuc, & de Perrine de Juzec, de laquelle il eut deux fils & deux filles ; sçavoir, *Rene* de Bruc qui a continué la postérité, Guillaume V du nom de Bruc, Prêtre, Curé de Guemené, & ensuite Recteur de la Chapelle Bassemer en Bretagne, où il mourut le 28 Octobre 1516; Jeanne de Bruc mariée par Contrat passé à Nantes le premier Janvier 1476 à Guillaume de la Haye, Seigneur du Sable; & Marguerite de Bruc, mariée le 18 Mai 1480, à Artus de Pontmuzart, Seigneur de la Chaussée.

René de Bruc, Seigneur de Bruc, de la Viellecour, d'Esdrieuc & de Melinaye, fit les Guerres de son tems, & fut fait prisonnier avec son pere au Combat de Joué, suivant que l'on vient de le voir : il avoit porté le Titre d'Esdrieuc, du vivant de son pere. Sa Maison ayant été brûlée le 9 Mai 1480, il présenta *Minut* au Baron du Derval, *des choses tombées en rachat* par la mort de son pere. Ce Seigneur avoit épousé en 1476 Raouline Provost, fille aînée de *Patry* Provost, Seigneur de la Tenaudaye & le Chalonge, & de *Simonne* de Goheau de Saint-Aignan. C'est ici l'endroit où se formerent deux Branches de la Maison de Bruc.

René de Bruc, Seigneur de Bruc, Esdrieuc & la Viellecour, dont je viens de parler, eut quatre fils & deux filles. Le premier de ces fils a été Pierre III du nom de Bruc, Seigneur de Bruc; il a continué la Branche aînée, qui après quelques générations s'est éteinte & fondue dans une Branche cadette des Seigneurs de la Viellecour, en la personne de Anne de Bruc, Dame de la Seigneurie de Bruc, & de celle de Tremelan, de la Chesnaye, de la Beuerie, &c. par son Mariage contracté le 8 Janvier 1596, avec Guillaume de Bruc, son parent *au quart degré vis-à-vis* cette Branche aînée, a continué jusqu'à son extinction à se distinguer par des Services Militaires, & s'est alliée dans les Familles nobles de *Goheau*, des Seigneurs de Saint-Aignan, Maubuisson, Liverniere & les Bretesches; de *Durant*, des Seigneurs de la Miniere en Rougé, près Châteaubriant; de *Robelot*, des Seigneurs de la Voltaye, Queleneuc, & la Chesnaye en Bretagne, de la Beurie & de la Trorchaye en Anjou; de *Lourme*, des Seigneurs de Lourme & de Meslouer au Diocèse de Saint-Malo; de *Franchet*, des Seigneurs de la Touchemain & la Brizardaye; de *Kerey*, des Seigneurs de Boiscorbeau; de *Cho-*

mart, des Seigneurs de la Riailaye, Paroiſſe de Marſac, Evêché de Nantes; de *Crocelay*, des Seigneurs de la Viollaye; de *Guyerchays*, des Seigneurs de Fontenay; & de *Hupel*, des Seigneurs du Val & de Beauchesne.

Le ſecond fils de René, Seigneur de Bruc, d'Eſdrieuc & la Viellecour, a été François de Bruc, Chevalier, Seigneur de Toulan; il vendit en l'année 1520 à ſon frere aîné, ſon droit dans les Succeſſions de ſes pere & mere, & *ſe retira en Italie, où il avoit Commandement*, dit l'Auteur de la Généalogie de la Maiſon de Bruc, lequel ajoute, *que c'eſt tout ce qu'il ſçavoit de lui.*

Gilles de Bruc, Seigneur de la Viellecour, a été le troiſiéme fils de René de Bruc, Seigneur de Bruc, Eſdrieuc & la Viellecour; ſes Deſcendans ſont aujourd'hui les aînés de la Maiſon, je reprendrai cette Branche.

Le quatriéme fils de René, Seigneur de Bruc, a été Guillaume V du nom de Bruc; il fut Seigneur de * Callac en Guemené, de Callac en Ingrande, de Chamballan & de la Babinais, du chef

* On lit Callec à la page 4, ligne 4 de ce Tome, *liſez* Callac.

de François de Callac sa femme, Dame desdits lieux : il épousa cette Dame en l'anné 1520 : elle étoit fille unique & héritiere de Guillaume, Seigneur de Callac, Chevalier, Conseiller & Chambellan du Roi Louis XI, Grand Veneur de France, le premier Février 1467, jusqu'en 1471, & de Bertrande, Dame de Chamballan.

Il y a une faute d'impression en l'Histoire des Grands Officiers de la Couronne, Edit. de 1712 en 2 Tomes in-fol. au Tom. 2, pag. 1440, où *Guillaume de Bruc* est nommé *Guillaume de Broc*; mais cette faute ne se trouve pas dans la grande Edition.

Jean de Bruc, Seigneur de Callac, fils aîné de Guillaume V du nom de Bruc, prit Lettres du Roi en date du dernier jour de Janvier 1550, pour prendre le nom de Callac ; il avoit épousé *Artuse* le Fourbeur, fille d'*Artus* le Fourbeur, Seigneur du Vignau, près Nantes ; & de *Georgette* Ballue, ou de la Ballue, de la Famille du Cardinal de la Ballue, Evêque d'Angers, de laquelle il eut un fils & une fille ; sçavoir, Pierre, Seigneur de Callac, & de la Clartiere, Capitaine des Francs,

chers de l'Evêché de Nantes, & Maître Particulier des Eaux, Bois & Forêts du même Evêché, lequel fut tué pendant la Guerre de la Ligue sans postérité; de Renée de Cano, Dame de la Clemençaye sa femme, fille de Jean, Seigneur de la Clemençaye, & de Jaquette Peschart de la Boteleraye: *Claude* de Callac, Dame dudit lieu, sa sœur, est la derniere de la Branche de Callac: devenue l'héritiere de cette Branche, elle en porta les Biens dans la Famille de Havart, par son Mariage avec *Jean* de Havart, Seigneur de Boisjean, Cadet de la Havardiere en Acigné.

Gilles de Bruc, Seigneur de Brossay & de la Viellecour, troisiéme fils de René de Bruc, Seigneur de Bruc, Esdrieuc, la Viellecour & de *Raoulline* Provost, * transigea sur Procès le 28 Février 1515 avec Pierre de Bruc, Seigneur de Bruc, son frere aîné, touchant

* Archives de la Maison de Bruc; Titres par extrait envoyés à l'Auteur; ils serviront de preuve pour la suite de l'Article de la Maison de Bruc, & l'on ne fera plus d'autres citations, par la raison, que tout ce qui sera dit dans la suite, est prouvé par les Titres en extraits de la Maison de Bruc, si l'on en excepte quelques faits ès endroits qui seront cités.

là Succession de leur pere ; & par cette Transaction, il eut la Seigneurie de la Viellecour ; il avoit épousé en 1501 *Jeanne* Jubier, Dame du Brossay, fille & héritiere principale & noble de feu Jean Jubier, Ecuyer, Seigneur du Brossay, du haut & bas Guilliers, de Cottidel, la Guitonnaye ; & de *Thomine* de Marbé, sa premiere femme, de laquelle il n'eut qu'un seul fils, Jean de Bruc qui suit.

Jean de Bruc, Seigneur de la Viellecour & des Guilliers, épousa par Contrat du 6 Juin 1532 Jeanne l'Evêsque, fille de Pierre l'Evêsque, Chevalier, Seigneur de la Sillandaye, & de Françoise de la Vallée-Saint-Jouan, de laquelle il eut trois fils & deux filles ; sçavoir, *Jean II* du nom de Bruc, Seigneur de la Viellecour & des Guilliers, né l'an 1539, eut pour Parrain, Noble & Puissant Jean d'Ust, Seigneur dudit lieu & du Molan, Talhouet-Sallo, & la Normandaye son parent : il se noya de nuit à Guemené par un débordement d'eaux, au moment qu'il alloit épouser *Guionne* le Courvaisier, laquelle fut mariée à *Guillaume* de Bruc son frere.

Le second fils de Jean I du nom de Bruc, Seigneur de la Viellecour & des Guilliers, & de *Jeanne* l'Evêsque, a été Guillaume V du nom de Bruc, Seigneur de la Viellecour, des Guilliers, la Haye & les Martinays, TIGE de la Branche aînée qui subsiste aujourd'hui : j'en parlerai à l'instant.

Le troisiéme fils de *Jean I* du nom de Bruc, dont je viens de parler, a été François de Bruc, Seigneur des Guilliers, des Salles, Onglepied & le Vauniel ; il est TIGE de la Branche qui posséde aujourd'hui la Seigneurie de Bruc ; je reprendrai son Article après celui de son frere aîné.

Les deux filles de *Jean I* du nom de Bruc & de *Jeanne* l'Evêsque, ont été, Jeanne de Bruc nourrie fille d'honneur de la * Duchesse de Penthievre, qui la maria l'an 1576 au Château de Lamballe, à Guy de Lesmeleuc, Seigneur de l'Estang ; & Valentine de Bruc, mariée en premieres nôces en Juillet 1586

* Marie de Luxembourg, Duchesse d'Estampes & de Penthievre, Vicomtesse de Martigues, née à Lamballe le 15 Fevrier 1562, & mariée le 12 Juillet 1579 à Philippe-Emmanuel de Lorraine, Duc de Mercœur.

à François le Prince, Seigneur de la Coudraye & du Pleſſis; & en ſecondes nôces au Seigneur de la Fellée-Mauny.

Guillaume V du nom de Bruc, Seigneur de la Viellecour, des Guilliers, la Haye & les Martinays, touchant lequel je viens de prévenir le Lecteur, fut attaché ſucceſſivement à *Jean* de Broſſe, dit de Bretagne, Duc d'Eſtampes, Gouverneur de Bretagne, à Sebaſtien de Luxembourg, Duc de * Penthievre, Vicomte de Martigues, dit *le Chevalier Sanſpeur*, & à Marie de Luxembourg, Ducheſſe d'Eſtampes & de Penthievre, Vicomteſſe de Martigues, mariée en 1579, à *Philippes-Emmanuel* de Lorraine, Duc de Mercœur : l'on a un Titre de l'an 1568; de *Sebaſtien* de Luxembourg, Comte de Penthievre, Chevalier de l'Ordre, Gouverneur & Lieutenant Général pour le Roi en Bretagne, par lequel, ce Prince certifie *à Meſſieurs de la Cour du Parlement de Bretagne, & aux autres Juges dudit Pays, que Guillaume de Bruc, Seigneur des Guilliers étoit à ſon Service, &*

* Le Comté de Penthievre fut érigé en Duché par Lettres du Roi Charles IX, en faveur de Sebaſtien de Luxembourg.

employé pour Sa Majesté, par quoi nous vous prions qu'il soit employé aux Ordres & Etats des Gentilshommes qui se trouvent présens aux États... n'ayant pû y aller... A Nantes, le 12 Septembre 1568...

Guillaume de Bruc, dont il s'agit ici, avoit donné partage l'an 1570 à François de Bruc son frere, Juveigneur dans les Successions de ses pere & mere : il donna un autre partage en l'année 1574 à Damoiselle Valentine & Jeanne de Bruc ses sœurs, *selon le Gouvernement noble & avantageux, & suivant l'Assise du Comte Geffroy, à partager & diviser le noble comme noble ; & à l'aîné les deux parts, & aux Juveigneurs le tiers, & le Roturier également, suivant la Coutume, &c.*

Il a, dans cet Acte, la qualité de Seigneur de la Viellecour ; il y est qualifié frere aîné desdites Damoiselles Valentine & Jeanne de Bruc ; & on y lit, que * François de Bruc, Seigneur de Guilliers, leur frere, fut présent à cet Acte.

Guillaume de Bruc avoit épousé

* Il étoit TIGE de la Branche qui posséde aujourd'hui la Seigneurie de Bruc.

Guyonne le Courvaisier, laquelle avoit été fiancée à son frere aîné, fille d'Etienne le Courvaisier, Seigneur de la Salle-Hislenier, & de Jeanne Boutier de Châteaudassy, de laquelle il eut trois fils ; sçavoir, Sebastien de Bruc qui a continué la postérité, & dont je parlerai à l'instant. *François* de Bruc, Seigneur de la Motte-Montferrant, dont la postérité est éteinte ; & Pierre de Bruc, Chanoine à Dol, Recteur de Guemené, & Prevôt des Essarts.

Ce seroit ici l'endroit de prendre l'Article concernant Sebastien de Bruc ; mais j'avois oublié de dire que Guillaume de Bruc, Seigneur de la Viellecour, & des Guilliers, son pere, fut exempté du Service du ban & arriere-ban, par Lettres Patentes du Roi Charles IX, données l'an 1573, dans lesquelles Sa Majesté le qualifie, *Guillaume de Bruc, Sieur des Guilliers & de la Viellecour, l'un des Gentilshommes de sa chere & amée cousine Madame de Martigues* ; ce n'est pas encore la fin de la Transition : il fut accordé à Guillaume de Bruc, Seigneur de la Viellecour, par Brevet du 23 Novembre 1582, * *une des Pen-*

* Termes de l'une.

sions ordinaires de Sa Majesté au Pays de Bretagne, de la somme de trente-trois écus, venant à cent livres tournois: & cette Pension fut continuée apres sa mort à Sebastien de Bruc, son fils héritier principal, par autre Brevet de l'an 1587.

Sebastien de Bruc, suivant qu'on vient de le voir, fut continué dans la Pension qui avoit été accordée à son pere: il fut Seigneur de la Viellecour & des Guilliers, né l'an 1578, il étoit en bas âge, lorsque la Pension de son pere lui fut donnée; mais il s'en démit, & vécut paisiblement dans ses Terres: l'on voit par un Compte de l'an 1595, qu'il avoit eu pour Tuteur, François de Bruc, Seigneur des Guilliers son oncle paternel; ce Compte fut rendu par Demoiselle Magdelaine Bouilliau, ou Boulliau, Dame de la Pinsonniere, de la Grée & de la Rigaudiere, Veuve d'Écuyer François de Bruc, Seigneur des Guilliers, des Salles, de Ong'epied & de le Vauniel.

Sebastien de Bruc épousa par Contrat du 21 Mai 1605, & avec Dispense, *Marie* Paris, sa parente au quatriéme dégré Dame du Clos & de la Rousſierre en Pibriac, fille aînée de *Jean* Paris, Seigneur deſdits lieux & du Chatenay, & de *Jeanne* du Bois-Hemon: il a dans ſon Contrat de mariage les qualités de Meſſire, de Chevalier & de Seigneur de la Viellecour; ſa poſtérité ſubſiſte aujourd'hui en la perſonne de *Armand-Sebaſtien* de Bruc, Chevalier, Seigneur de la Viellecour, dit le Comte de Bruc, chef de Nom & d'Armes, & aîné de ſa Maiſon, fils de *François-Sebaſtien* de Bruc, Chevalier, Seigneur de la Viellecour & autres lieux, & de * *Marie-Jolande-Armande-Françoiſe* de Goulaine: *Armand-Sebaſtien* de Bruc a deux ſœurs, *Anne-Roſalie* de Bruc mariée en 1760 à *Alexandre* de Penhoet, Chevalier, Seigneur de Penhoet, & *Judith* de Bruc.

La Branche des Seigneurs de la Viellecour a trois rameaux qui ſubſiſtent dans la perſonne de Claude de Bruc, Chevalier, Seigneur de Clairé, qui a un fils, & dans Pierre de Bruc, Lieutenant des Vaiſſeaux du Roi, & Louis-Prudent de Bruc, Chevalier, Seigneur des Gautronnieres.

* La mere de cette Dame étoit de la Maiſon de Roſmadec.

Je passe à la seconde Branche de la Maison de Bruc; & je la prends à sa séparation des autres Branches.

François de Bruc, Seigneur des Guilliers, des Salles, Onglepied & le Vauniel, troisiéme fils de Jean I du nom de Bruc, Seigneur de la Viellecour & des Guilliers, & de Jeanne l'Evêsque, a fait la seconde Branche de la Maison de Bruc qui subsiste aujourd'hui, & qui posséde la Seigneurie de Bruc; & il est TIGE de la Branche des Seigneurs de la Grée & de Montplaisir, Marquis de la Guerche, qui subsiste aussi à présent: l'on a vû que François de Bruc dont il s'agit ici, frere juveigneur de Guillaume V du nom de Bruc, Seigneur de la Viellecour, avoit été partagé par sondit frere l'an 1570, dans les Successions de ses pere & mere; l'on a vû aussi qu'il fut présent à un autre partage noble suivant l'Assise *du Comte Geffroy*, que le même Guillaume de Bruc, son frere aîné, avoit donné en l'année 1574, à Demoiselles Valentine & Jeanne de Bruc, leurs sœurs: il fut députe avec M. des Mesgoüetz, Marquis de la Roche, par les États de Bretagne, pour aller à Lyon saluer le Roi Henri III revenant de Pologne ; il ſuivit ce Monarque à Avignon, & à ſon Sacre à Reims, qui ſe fit le Dimanche de la Quinquageſime 13 Février 1575, * fut l'un des Députés de la Nobleſſe du Comté Nantois, aux États tenus l'an 1580, à Ploermel pour la Réformation de la Coutume, ſervit ſous les ordres du Duc de Mercœur, fut bleſſé au ſiége de Vitré en 1589; & s'étant fait porter à Fougeres, il y mourut de ſes bleſſures le 27 Août de la même année : il avoit épouſé à Mézangé le 4 Juin 1570 Magdelaine Boulliau, fille unique de Jean Boulliau, Seigneur de la Pinſonniere, la Grée & la Rigaudiere ; & de Renée d'Achon de la Garanne, de laquelle il eut cinq fils & deux filles ; ſçavoir, Guillaume V du nom de Bruc, Seigneur de Bruc, de Tremelan, de la Cheſnaye & de la Beuerie, lequel continua la poſtérité, & dont je parlerai à l'inſtant. Jean de Bruc II du nom de Bruc, Chevalier, Seigneur de la Grée, qui a fait Branche, & duquel ſont iſſus les Seigneurs de Montplaiſir, Marquis de la Guerche : je rapporterai ſon article après celui

* Procés-verbal imprimé de la Réformation de la Coutume de Bretagne en 1575.

de ſon frere aîné, Claude de Bruc, Religieux de l'Ordre de Saint Benoît en l'Abbaye de Rhedon, ſucceſſivement Provincial de ſon Ordre, Prieur & Seigneur de Carbay, & Grand-Prieur Clauſtral de Saint-Florent-le-Viel : François de Bruc, Chevalier de Malte, mort à Bologne en Italie le 4 Octobre 1602, & enterré en l'Egliſe Métropolitaine de cette Ville : Guyonne de Bruc mariée l'an 1597, à René Main, Seigneur de la Byotiere & autres lieux ; & Marguerite de Bruc mariée en l'année 1618 à Jacques de la Touche, Seigneur de la Mazure & de la Muſſe-en-Saint-Viau.

Guillaume V du nom de Bruc, dont je viens de parler, épouſa *de l'avis de parens, pour conſerver la Maiſon dans le nom*, par Diſpenſe du Pape, & par Contrat du 8 Janvier 1596, *Anne* de Bruc ſa parente au quatriéme dégré, Dame de Bruc, Eſdrieuc, Tremelan, Boiſcorbeau, la Voltaye, Queleneuc, la Chenaye, la Beurie & la Tronchaye, héritiére de la Branche aînée de ſa Maiſon, par la mort de Pierre IV du nom de Bruc, ſon frere, & fille de Jean II du nom de Bruc, Seigneur de

Bruc, Esdrieuc, Tremelan & Boiscorbeau; & de Jeanne Robelot, fille unique de Pierre Robelot, Chevalier, & Seigneur de la Voltaye, Queleneuc & la Chenaye en Bretagne, de la Beurie de la Tronçhaye en Anjou, & de Anne de Cardelan, Dame de Villeneuve, seconde femme dudit Pierre Robelot, laquelle il avoit épousé étant veuve sans enfans de Louis de Maleſtroit, Seigneur de Beaumont & de Guillier.

Guillaume de Bruc par son mariage avec l'heritiére de la Branche aînée de sa Maison, devint Seigneur de la Terre de Bruc, & des autres Terres dont l'on vient de parler : il eut plusieurs enfans de Anne, Dame de Bruc, qui s'allierent ainsi que leur postérité en plusieurs Maisons nobles & anciennes; & entr'autres dans les Maisons du *Ruflay* des Seigneurs de la Cornulliere pres Lambale, & autres grandes Terres; de la *Touche* des Seigneurs de Bougon & de la Lande, de *Boux* des Seigneurs du Teil & la Varenne; *du Vernay* des Seigneurs du Vernay en l'Evêché de Nantes, de Pombriant, &c. Gabriel de Bruc né à Tremelan le 23 Avril 1636, Chevalier de Malte en 1655, étoit de cette branche ; je finis ici ce que je ſçais de la maiſon de Bruc, & je finis en même temps, mes objets généalogiques; je reprendrai cette matiere dès le commencement de mon ſixiéme Tome, & je la ſuivrai ſans interruption ; je donne dans mon Diſcours Préliminaire, le plan de la ſuite de cet Ouvrage, & je me flatte que la Nobleſſe applaudira à mes vues, puiſque j'indiquerai, non-ſeulement, les titres en originaux qui ſe trouvent dans mon Cabinet, concernans les Maiſons & Familles nobles, mais encore que j'indiquerai les ſources dans leſquelles ces Maiſons & Familles nobles trouveront les titres qui les concernent ; je paſſe à un objet dont l'impreſſion m'a parue utile, & enſuite je viendrai à un autre, non moins intéreſſant & peut-être plus intéreſſant encore.

MILITAIRE.

Cette partie diſtribuée en neuf tomes ou porte-feuilles, contient *cinq cens quatre vingt-deux pieces, tant titres originaux, que titres par copies en forme probante, mémoires & lettres, cartes d'actions & combats militaires :* Toutes les pieces & titres sont sous enveloppes dans chaque porte-feuille, avec les extraits tels que je vais les donner ; & à chaque extrait je placerai les numéros 1, 2, 3, &c. Afin qu'à la lecture de cet inventaire l'on trouve la piece désignée.

Cette partie concerne l'Histoire des Guerres, les Troubles survenus en France, la Guerre des Anglois dans ce Royaume, les Troupes Allemandes, la Maréchaussée de France, l'Amirauté, les Etapes, les Trésoriers-Généraux de l'extraordinaire des Guerres, la Cavalerie légere, les affaires étrangeres & autres objets concernans le Militaire.

TOME PREMIER.

Ce Tome contient cinquante & un titres, & pieces, depuis & compris l'an 1306, *jusques & compris l'an* 1680.

1er. Un manuscrit in-folio, dont l'écriture me paroît être du quatorziéme siecle, ou du commencement du quinziéme siecle.

Il est intitulé : *Ordonnances Royaux*

ſur le fait des gainges de Bataille pour tout le Royaume de France : Le titre commence en ces termes : *Philippe, par la grace de Dieu Roi de France, &c.*

Ces Ordonnances renferment des faits curieux & intéreſſans.

2. Copie collationnée du Traité daté l'an 1361, *le ſamedi après l'Epiphanie ou le 8 de Janvier, indiction 15 & la dixiéme année du Pontificat du Pape Innocent VI, & paſſée à la tête du Pont Levadis qui eſt au-deſſus de Retz, entre les Commiſſaires du* ROI JEAN, *d'une part, & les commiſſaires d'*EDOUARD ROI *d'Angleterre, d'autre part ; & encore* entre l'Evêque de Cahors & les Nobles & les Conſuls de la ville de Cahors, d'autre part : Par ce traité, les Commiſſaires du Roi JEAN, en conſéquence des Lettres-patentes de Sa Majeſté, tranſcrites au pied dudit Traité, cédent au Roi d'Angleterre, la Ville de Cahors & les autres lieux ſitués au Diocèſe de Cahors, à condition que le Roi d'Angleterre conſerveroit les Habitans de ladite Ville & ceux des autres lieux du même Diocèſe, dans leurs franchiſes & priviléges : *Ce n'eſt*

qu'avec la plus extrême douleur que les Habitans de Cahors & des lieux dudit Diocèse, quittent la domination du Roi de France; ils en sont consternés, ils répandent des larmes ameres, &c. Les lieux de Figeac, de Lauzerte, de Montagu & Cailus, sont compris dans cet abandon avec la Ville de Cahors, la moitié de la ville appartient à l'Evêque; cette Ville & les autres lieux spécifiés sont conservés dans leurs priviléges.

3. Ordonnance, en original, du 16 Mai 1387, donnée par les Généraux Conseillers, sur le fait des Aides ordonnés pour la Guerre, où l'on voit des faits intéressans pour l'Histoire & pour la valeur des Espéces; l'on y voit, entr'autres choses que l'on avoit envoyé en Espagne une somme spécifiée dans l'Acte, par ordonnance & commandement de Monseigneur de Bourgogne.

4. Mandement en original, du 19 Août 1380, donnée par *Bertaut* Aladent, Receveur-Général en la Basse-Normandie des Aides de la Guerre, & adressé à *Vincenot* Pepin, Grénetier à Belême, contenant qu'ayant reçu les lettres de Messieurs les Gé-

néraux Conseillers sur le fait des Aides de la Guerre, l'on devoit, en conformité, obliger les Receveurs des Aides, dans les terres qui *jadis* avoient appartenues au Roi de Navarre, à payer ce qu'ils devoient, à l'effet d'acquiter les dettes du Roi de France, pour le payement des gens d'armes, que ledit Seigneur Roi tenoit à ses gages. *Ce titre renferme d'autres particularités intéressantes.*

5. Un titre en original du 28 Novembre 1405, par lequel *Jean* Tavel, *Vicomte de Leaue de Rouen*, déclare que différents particuliers nommés dans le titre, avoient reçu de *Jean* le Maçon, Receveur à Rouen *de l'Aide nouvellement mise sus, pour faire Guerre & résister à l'encontre de Henri de Lencastre qui se dit Roi d'Angleterre, la somme de vingt livres Tournois.* Cette somme étoit destinée pour gens qui avoient été employés en voyages pour des objets relatifs à la Guerre; je transcrirois volontiers le titre; il est intéressant à certains égards, & tres-curieux.

6. Trois titres en originaux, dont deux du 20 Novembre 1427, & l'a...

tre du 20 Décembre de la même année; ces titres vont à l'Histoire de la Guerre des Anglois en France, & notamment dans la Normandie; l'on voit par le premier titre que le Duc de Bedfort se qualifie du titre *de Jean, Regent le Royaume de France Duc de Bedfort.* C'est une Ordonnance qu'il donne à ses très-chers & bien-amés les Trésoriers-Généraux, Gouverneurs des Finances de France & de Normandie pour des objets relatifs à la Guerre; le 2e. titre du 20 Novembre 1427, est très-intéressant pour l'Histoire; c'est un *vidimè* fait le dernier jour de Mars 1427. (*ancien stile*) dudit titre en date du 20 Novembre 1427, le titre est intitulé; *Ceste Endeuture faite entre très-haut & puissant Prince Monseigneur le Régent du Royaume de France Duc de Bedfort, d'une part, & Messire Robert Seigneur de Villeby d'autre part*; Le Duc de Bedfort insulte à la personne du Dauphin; il le nomme en ces termes, *Charles qui na guerres se appelloit Dauphin; il veut que l'on n'épargne ni sa personne ni aucun du Sang Royal*; Les autres circonstances exigeroient que le titre fut inſcrit en entier pour la connoiſſance de l'Hiſtoire, dans ces temps malheureux ou les Anglois étoient ſi puiſſants en France, notamment en Normandie, le troiſiéme titre eſt rélatif aux deux précédents.

7, 8 & 9. Huit titres en originaux des années 1436, 1441 & 1442. Tous rélatifs à la Guerre des Anglois en France & de leur invaſion injuſte dans la Province de Normandie.

10. Un titre en original de l'an 1478, qui prouve que le Grand Bouteiller de France avoit le droit de percevoir *cinq ſols ſur chaque Tavernier*, ou autre perſonne vendant vins & autres mêmes breuvages, dans les lieux de Bordeaux & Sénéchauſſées de Guyenne, des Lannes, Bazadois, ou Bailliage de Labourt, & dans les comtés d'Armagnac, Eſtarac, Comenge & en la terre & Seigneurie d'Albret, les noms des perſonnes nommées en ce titre, ſont *Courcillon*, *

* Antoine de Chateauneuf, Chevalier, Seigneur du Lau, Chevalier, Conſeiller & Chambellan du Roi, Sénéchal de Nimes & de Beaucaire, & Grand Bouteiller de France.

Chateau-neuf, *Badoux*, *Aubert & Dagron.*

11. Ordonnance en original donnée le 5 Novembre 1486 par *Ode* d'Aidier, Seigneur de Ribeirac, &c. Sénéchal de Carcaſſone & de Bèziers, & adreſſée à honorable homme *Arnaud* Luillier, Conſeiller du Roi, & Tréſorier & Receveur ordinaire en ladite Sénéchauſſée, pour qu'il eut à payer la ſomme de *trente-cinq ſols tournois à ſept Archers* nommés dans le titre, pour leurs peines & travaux d'avoir pris & arrêté près le lieu de Craſſe, ſuſdite Sénéchauſſée, trois ſcélérats de voleurs, auſſi nommés dans le titre.

12. Ordonnance en original, du 4 Janvier 1489, donnée par les Généraux Conſeillers du Roi, ſur le fait & Gouvernement de ſes Finances, au ſujet du paiement des gens de Guerre en l'Election de Mantes.

13. Lettres Royaux en original de *Louis* 12e du nom, Roi de France, datées l'an 1499, & le 14e jour de Mai, & adreſſées aux Elus de ſes Aides, ordonnées pour la Guerre en l'Election de Poitou, où l'on voit des faits très-intéreſſants pour l'Hiſtoire, & notam-

ment pour la Guerre que ce Monarque avoit eu contre le Roi des Romains; l'on y voit que le même Souverain avoit mis sur pied *un grand nombre tant de gens de pied, que de la nation suisse, Larais, Adventuriers, que autres grands traits d'Artillerie, &c.* Ce titre doit être transcrit pour l'Histoire Militaire.

14. Un titre en original de l'an 1549, où l'on voit les présens que le Roi *Henry II*, avoit faits à Dom *Constantin* de Portugal, Ambassadeur du Roi de Portugal vers Sa Majesté.

15. Quittance en original du 3. octobre 1547, donnée par *Bastien* Hoffman, Juge de la Justice de dix bandes de Lansquenets dont étoit Colonel *Bastie* Vehelspers, de la somme de deux cens cinquante-six livres tournois, tant pour son état que pour celui des Officiers & Conseillers, à lui ordonnée par le Roi pour s'en retourner en sa maison avec lesdits Officiers & lesdites dix bandes que Sa Majesté avoit fait casser, *il avoit, à cause de son état de Juge, un Hallebardier, un Truchement, dix conseillers, un secretaire & un sergent.*

16. Deux pieces, ſçavoir, inſtruction donnée par le Roi Charles IX du nom, le 4 Septembre 1565, par copie du temps même, mais ſans ſignature, adreſſée à M. le Duc d'Aumal Gouverneur de Champagne & de Bourgogne, pour la manutention dans ſes Gouvernemens au ſujet de la rebellion à cauſe de la nouvelle Religion; la 2e. piece y eſt relative.

17. Lettres-patentes par copie en forme probante, données par le Roi Charles IX le 2 Octobre 1571, & adreſſées au Sénéchal & gens tenants le Siege de Lyon, & Commiſſaires établis ſur le fait des troubles ſur les lieux, &c. *L'on y voit des faits intéreſſans concernans les Guerres civiles.*

18. Autres Lettres-patentes du Roi Charles IX, données l'an 1571, touchant les troubles ſurvenus en la ville de Straſbourg.

19. Articles de l'Edit de Pacification fait en l'année 1575.

20. Un titre en original du 2 Octobre 1575, où l'on voit que les habitans de la Baronnie d'Illiers avoient élu un député pour aller faire remontrances en l'aſſemblée des Etats qui

devoient ſe tenir à Blois, le 15 Novembre de la même année.

21. Copie en forme probante de l'inſtruction, contenant 21 chefs, donnée à Montauban le 12 Juillet 1578, par le Roi de Navarre, du depuis Henri IV. du nom Roi de France, ſurnommé le Grand, à ſon Envoyé vers le Roi Henri troiſiéme du nom, avec les réponſes de ce Monarque, datées à Paris le 24 Juillet de ladite année: *l'on y lit des faits hiſtoriques très-intéreſſans.*

22. Mandement en original de l'an 1589, émané du Bureau des Préſidents & Tréſoriers-Généraux de France à Paris, *en conſéquence des Lettres-patentes de Monſeigneur le Duc de Mayenne, Pair & Lieutenant-Général de l'Etat Royal, & Couronne de France & du Conſeil Général, de l'union des Catholiques établis à Paris, attendants l'Aſſemblée des Etats du Royaume*, ledit mandement concerne la Ferme du Subſide des cinq ſols pour chaque muid de vin, entrant dans la Ville de Meaux.

23. Un Titre en original de l'an 1590, concernant la ſaiſie des biens

des rebeles & ligueurs à cause de leurs pilleries, & ravissements de biens.

24. Acte en original du 18 Janvier 1594, passé devant *Nicolas* Viel, Conseiller du Roi, Lieutenant-Général, Civil & Criminel au Bailliage de Mantes & Meullant, par lequel acte, *Jacques* Broussel, Avocat en Parlement, déclare *qu'il est très-humble & très-fidèle sujet & serviteur du Roi Henri IV, Roi de France & de Navarre, qu'il reconnoît pour son vrai & legitime Roi & Prince naturel, & fait serment de fidélité à Sa Majesté, & renonce à toutes ligues & associations tant dedans que dehors le Royaume, faites au préjudice de Sa Majesté.* A ce trait je reconnois le vrai François ; exemple qui doit être à jamais gravé dans tous les cœurs du Royaume.

25. Ordonnance en original, du 28 Juillet 1614, du Commissaire député par le Bailli de Chartres, portant mandement aux habitans des quatre Mairies Royales du Duché de Chartres, de nommer, chacune, un particulier du tiers-Etat, afin de se trouver aux Etats Généraux qui devoient

ſe tenir en la ville de Sens, le dix Septembre de ladite année.

26. Commiſſion en original, donnée à Paris le 26 Décembre 1625, par le Roi Louis XIII du nom, & adreſſée à ſon très-cher & bien-amé couſin le Rheingraff Prince de Salme, pour qu'il eut à faire lever un Régiment de Lanſquenets, compoſé de dix Compagnies, chacune de deux cens hommes.

27. Deux Lettres en original des ſept & dix Mars 1635, écrites par le Roi à Monſieur le Baron de Maigneux, touchant la route du Régiment qu'il commandoit.

28. Lettres-patentes en original, données à S. Germain-en-Laye, le dix Septembre 1640, par leſquelles, Sa Majeſté donne Commiſſion pour les recrues des troupes des Armées d'Artois.

29. Dix Lettres en originaux des 28 Mars, 4, 5, 18, 21, 23 & 24 Avril, 8, 12 & 31 Maî 1650, du Roi Louis *le Grand*, écrites à M. Paget, Conſeiller en ſon Conſeil d'Etat, Maître des Requêtes ordinaires de ſon Hôtel & Intendant de la Juſtice, Police, & Finance en ſon Armée de Champage : *Ces lettres ſont relatives à l'objet militaire.*

30. Trois Titres, sçavoir, une Ordonnance datée à Dijon le 22 Avril 1650, & donnée par le Roi Louis *le Grand*, au sujet des Rebellions en la Province de Champagne, & contre ceux qui avoient pris les Armes contre le service de Sa Majesté afin de favoriser les ennemis de la Couronne : le second Titre est un Arrêt du Conseil d'Etat du 20 Janvier 1661, concernant les mouvemens arrivés en Guyenne. Le troisiéme Titre une Ordonnance imprimée & datée à Saint Germain-en-Laye le dix Septembre 1668, portant défenses de faire labourer dans les ouvrages des fortifications de hors & le long des Contrescarpes des places ni d'y faire paître aucuns bestiaux, sous les peines y contenues.

31 & 32. Les Titres qui sont sous ces deux enveloppes, sont imprimés ; ce sont deux Ordonnances du Roi des 10 Février 1679 & 10 Juillet 1680, contenants des Réglements pour les Officiers de Cavalerie & de Dragons.

TOME SECOND.

Ce Tome est distribué en dix-neuf Cahiers : sçavoir ;

1er. Deux Titres en originaux, qui sont un Arrêt du Conseil d'Etat du 25 Septembre 1677, & Lettres Royaux, par lesquelles Sa Majesté permet aux Consuls & Syndics de la ville de Montauban, de mettre & continuer un Octroi pour la levée de deux cens hommes de Milice qui devoient être envoyés à Bayonne pour le service du Roi.

2. *Troupes Allemandes au service de France* : deux quittances en original, des 28 Décembre 1569, & 11 Janvier 1571. La premiere, donnée par un Capitaine de trois cents hommes de Guerre, Reytres Allemans, où l'on voit quels étoient leurs appointements, & ceux de chacun des Officiers, Fouriers, &c. L'on voit encore, dans le titre de l'an 1569, qu'il y avoit quinze cents hommes pour le service du Roi, sous le Régiment des feus Comtes de Dutz de la maison de Hessen.

3. Deux Titres en originaux des années 1585 & 1590, concernants les Guerres civiles & les Rebellions en France.

4. Une Lettre en original, écrite à Saint Omer le 14 Juin 1596, par *Albert*, Cardinal, Archiduc, Lieutenant, Gouverneur & Capitaine Général, à ses très-chers & bien-amés le Gouverneur & ceux du Magistrat de la ville d'Aire, *au sujet de la Guerre contre la France*.

5. Lettre en original du Roi Louis *le Grand*, écrite à Versailles le 4 Mai 1685, concernant le Militaire.

6. Etat de ce qu'il y eut d'Officiers & de Soldats tués au combat de Houés, le 5 Aout 1692.

7. Edit du Roi donné à Versailles, en Mars 1694, enregistré au Parlement, le 24 du même mois, portant création d'Offices de Colonels, Capitaines, Majors & Lieutenants des Bourgeoisies, dans les Villes & Bourgs fermés du Royaume.

8. Trois Titres des années 1695 & 1696, touchant la création des Offices de Gouverneurs Héréditaires dans les Villes closes du Royaume, & la

création en Titre d'Offices, d'un Colonel, un Major, huit Capitaines & neuf Lieutenants des Bourgeois & Habitants, dans chacune des Villes du Royaume, où il y avoit Parlement, &c. *L'on voit* quelle étoit la Finance pour ces offices.

9. Quatre Lettres en original du Roi Louis le Grand, des années 1701, 1704 & 1705, pour l'exécution des ordres émanés de Sa Majesté, pour des objets Militaires qui devoient se pratiquer en la Généralité de Caen.

10. Ordonnance en original, en treize feuillets *in-folio*, du Roi *Henri*, 3e. du nom, donnée en son Conseil d'Etat, le 11 Septembre 1581, portant que les quatre Trésoriers de l'extraordinaire des Guerres, tant de-çà que de-là les monts, seroient intitulés, *Conseillers du Roi & Trésoriers extraordinaires des Guerres*, avec création de deux Trésoriers provinciaux de l'extraordinaire des Guerres en chacune partie du Royaume.

11. Ordonnance du Roi, du 3 Janvier 1679, portant injonction aux Trésoriers Généraux de l'extraordinaire des Guerres, ou à leurs Commis,

de rapporter les billets de l'argent, qu'ils avoient délivré *aux Troupes suisses*, & leur enjoint qu'à l'avenir, ils demanderoient dans les quatre mois de leurs dates, le payement des billets qu'ils auroient des mêmes troupes, le tout à peine de nullité desdits billets. Cette Ordonnance est *en imprimé* dans mon Recueil.

12. *Maréchaux de France, Maréchaussées & Connétablie*; Trois Titres en originaux, sçavoir un Titre de l'an 1381, où il s'agit du paiement des gages de plusieurs particuliers qui avoient servi en Guyenne sous le commandement du Maréchal de Sancerre; les deux autres Titres sont des Ordonnances données ès années 1378, & 1395, par MM. les Maréchaux de France, *elles sont relatives à l'objet Militaire.*

13. Montre militaire en original, faite en Armes à Paris le 22 Janvier 1561, de vingt Archers ordonnés pour l'exercice de la justice de Messeigneurs les Connétable & Maréchaux de France.

14. Lettres-patentes en original du Roi Louis *le Grand*, données l'an

1682; par lesquelles, Sa Majesté ordonne l'exécution d'un Arrêt par elle rendu en son Conseil d'Etat, touchant les Officiers & Archers des Compagnies des Prevôts Généraux de la Connétablie, Maréchaussée & autres.

15. Déclaration du Roi du 29 Décembre 1663, vérifiée en la Chambre des Comptes & Cour des Aides le 31 du même mois, par laquelle, Sa Majesté ordonne aux Officiers des Bureaux des Finances, Eaux & Forêts, Maréchaussées & autres, de résider ès lieux de leur établissement, &c. *Ce Titre est imprimé.*

16. Trois Titres, sçavoir, un Arrêt du Conseil d'Etat en forme probante, rendu l'an 1612, un autre Arrêt en original du Conseil d'Etat, en date du 16 Juillet 1688, & Lettres Royaux en conséquence des mêmes jour, mois & an, concernants la Maréchaussée de France; *l'on y voit des malversations pour avoir favorisé un Gentil-homme de la Religon.* Voyez pour l'objet de la Maréchaussée & des Maréchaux de France le Tome 7e de ce Recueil, intitlé, *Militaire Général, Melanges*; voyez, dis-je, un nom des familles

Agron, *Girard*, *Godet*, *Guimont*, *Langlois*, *Pioger*, *Pothier & Vezin*; les Titres qui sont dans ce porte-feuilles, sont rangés par ordre Alphabétique des noms des familles.

17. Ce cahier est uniquement pour indiquer les Titres qui se trouvent dans ledit Tome 7. Pour ce qui concerne les Contrôleurs ordinaires & extraordinaires des Guerres, les Commissaires ordinaires & extraordinaires des Guerres, & les Contrôleurs Généraux & Provinciaux de l'extraordinaire des Guerres, voyez pour les objets dans ledit Tome 7 de ce Recueil, aux noms, *Allemant*, *Andras*, *Bizet*, *Cousteli*, *Fontaines*, *Fonteny*, *Glavenas*, *Gobe*, *Godemel*, *Gourlay*, *Graverron*, *Habert*, *Hardy*, *Hebert*, *Hubert*, *Huziart*, *Karuel*, *Petremol & Poulecinge*.

18. *Etapes*, *Routes*, *Ustensiles & Vivres des Armées*: ce 18e. cahier contient seize Titres relatifs aux objets ci-dessus.

19. *Artillerie*, si on a sur l'objet de l'Artillerie dix Titres en originaux qui sont au 7e. Tome indiqué ci-dessus, ces Titres sont aux noms

des familles des *Burdelot*, *Fauchet*, *Ferey*, *Forſted*, *Gedoyn*, *Gondry*, *Holande*, *Javotin*, *Landais & Vauquelin*; il y a ſix Titres du 15ᵉ. ſiecle pour l'objet de l'Artillerie.

TOME 3ᵉ.

Ce Tome intitulé : *Militaire*, *Cavalerie Légere*, renferme *cinquante-ſix Titres*, depuis & compris l'an 1624, juſques & compris l'an 1640, dont trente-trois Titres en orignaux, & les autres preſque tous par copies collationnées du temps même ; *tous ces Titres concernent la Cavalerie Légere, ils ſont très-intéreſſants pour cet objet.*

TOMES 4ᵉ, 5ᵉ & 6ᵉ.

Ces trois Tomes intitulés : *Militaire*, *Montres Militaires*, contiennent *cent quarante-deux* Montres Militaires toutes en originaux ; ces Titres ſont rangés par ordre alphabétique des noms des familles : il y en a quelques-uns du 15ᵉ. ſiecle, parmi leſquels il ſe trouve des Montres Angloiſes. *Le Lecteur éclairé connoît l'importance de ces Titres pour les familles Nobles & Militaires.*

TOME SEPTIEME.

Ce Tome contient *cent cinquante-ſix Titres*, concernant différents objets pour le Militaire; ſçavoir, pour la Maréchauſſée & Meſſeigneurs les Maréchaux de France, la Connétablie, les Comiſſaires ordinaires & extraordinaires des Guerres, les Contrôleurs Généraux & Provinciaux de l'extraordinaire des Guerres, l'Artillerie, & autres objets concernans le Militaire, l'on y trouve des Ordonnances des Généraux Conſeillers ſur le fait de la Guerre, des Commiſſions de Gouverneurs, congés de ſémeſtre, ordonnances des Rois, gratifications de leurs Majeſtés pour ſervices Militaires, &c. Parmi ces Titres, il y en a *ſept* depuis & compris l'an 1373 à 1399, trente-huit, depuis & compris l'an 1402 à 1499; les autres Titres ſont depuis l'an 1500 juſques vers ce ſiecle. Ces Titres ſont rangés par ordre alphabétique des noms des familles, afin que ceux qui en ſont iſſus puiſſent y avoir recours. *Il ſera aiſé d'un coup de main de placer ces Titres, chacun à leur objet, & d'en tirer parti pour l'objet militaire, pour la discipline militaire & pour les objets que nous avons cités.*

TOME HUITIEME.

Ce Tome contient cinquante-une *pieces tant en Titres originaux qu'en forme probante, Mémoires, Lettres & Cartes d'Actions & Combats Militaires.*

Premier cahier du Tome 8.

1er. Carte des environs de *la Hougue* pour faire voir l'Armée ennemie mouillée à la rade le 22 Août 1708, & les endroits où elle tenta de descendre le 3 Septembre, avec le campement des Troupes qui s'y opposerent; à cette carte est joint un mémoire instructif pour la connoissance des objets ci-dessus.

2. Autre carte qui a pour titre : *Frontieres d'Italie, du Tirol & des Grisons.*

3. Carte intitulée : *Ordre de Bataille de l'Armée de M. de Luxembourg.*

4. Carte de Toulon & des environs, sur laquelle sont marqués les Camps des Troupes du Roi, comman-

dés le 18 Août 1707, par M. le Machal de Tessé ?

5. Carte intitulée : *Attaques de Verceil, de la nuit du 14 Août & au 14 Juin jusqu'au 2 Juillet 1704.*

6. Plan de Lérida avec les attaques de la Ville & du Château.

7. Carte intitulée, Canada.

Deuxième Cahier du Tome 8.

1. Copie collationnée de Lettres de *Marie*, Reine de Jérusalem & de Sicile, Comtesse de Provence, &c. en date du 9 Décembre 1398, portant qu'elle n'a fait acte de Jurisdiction sur le Rhône que du consentement du Roi de France : *ce titre contient plusieurs particularités concernants la Guerre.*

3. Copie ancienne collationnée en forme probante, du Roi *Henri III* du nom, datée à Paris le 12 Septembre 1527, & adressée aux Etats de Bretagne, pour qu'ils lui payent le droit de fouage, & autres droits mentionnés dans les lettres ; *l'on y voit les troubles dans le Royaume, & que Sa Majesté étoit résolue de mettre sur pied une puissante Armée, composée*

de

de Suiſſes, de Reiſtres, &c.

4. Copie ancienne collationnée en forme probante, d'une Ordonnance du Roi Louis XIII, ſurnommé *le Juſte*, datée à S. Germain-en-laye, le 4 Novembre 1625, portant *que les veuves & héritiers des Officiers morts au Service, ſeroient payés des appointements qui leur ſeroient dus depuis le temps de leurs ſervices juſqu'à leur mort.*

5e & 6e Cahiers, onze Titres en originaux, ou en forme probante, concernans les Gouverneurs de Places en Champagne : *Nous nous diſpenſons d'en donner l'analiſe, les extraits de ces Titres ſe trouvent ſous leſdits Cahiers numérotés 5e & 6e.*

7e Cahier, *Amirauté, Canada, Tréſoriers de la Marine du Ponant, Compagnie de Guynée Compagnie des Indes, fonctions des Officiers de la Marine, Création de Commiſſaires de Milices, Gardes-Côtes, & d'Archers de Marines-Gardes-Côtes, Mémoires & Lettres;* Ces Titres au nombre de 26, depuis l'an 1590, à 1709, ſe trouvent avec leurs extraits ſous le numéro cotté 7, *du huitiéme* Tome de ce Recueil;

& l'on trouve au 8e. Cahier, deux Titres en originaux des années 1623 & 1624, & deux rôles sans date, concernans les Suisses au service du Royaume.

TOME NEUVIEME & DERNIER.

Ce Tome renferme *quatre vingt-six* Pieces ou titres, en originaux, Lettres de Souverains, de Ministres d'Etat, de Généraux, de gens employés dans les négociations, & *nouvelles Militaires, Rélations de Batailles, Vers sur des Batailles perdues, Chifres, Rôles de revues militaires, le tout pour servir à l'Histoire, sous le regne de Louis XIII du nom, pendant la Guerre en Allemagne, & où l'on voit les négociations, &c.*

INVENTAIRE Général, Sommaire de titres, desquels le Lecteur éclairé connoîtra l'importance.

Ce Recueil de titres pour le droit public, l'Histoire, le Clergé, la Généalogie & autres objets concernans la manutention dans le Gouvernement de l'Etat, ce Recueil, dis-je, seroit d'une plus grande étendue, si j'avois acquis plutôt, les titres qui le composent.

TOME PREMIER.

Abbaye de l'Absie.

Ce Tome est distribué en quatre Cahiers, il contient, *quarante-deux titres* tous en originaux, excepté l'un de l'an 1227, par *vidimé* en original, de l'an 1458; le plus ancien de ces titres, est sans date; je le crois du onziéme siécle; il y en a deux des années 1194 & 1196, les autres titres sont depuis & compris l'an 1204, jusques & compris l'an 1289; ce sont des Donations & des Ratifications de Donations faites par les anciens Seigneurs de la maison *Chabot*, par les Vicomtes de *Thouars*, pat les Seigneurs des maisons de la *Motte*, de *Mauleon*, de *Mausac*, de *Maran*, de *Clerembault*, de *Acaye* ou *Achaye*, à l'Abbaye de *l'Absie*, Diocèse de la Rochelle; les Seigneurs des Familles de le *Roux*, de *Chatelars*, de *Chat*, de *Champagnie*, de *Ozaye*, sont qualifiés dans les Chartes du titre de Chevalier, ces Chartes assimilées avec celles qui forment le deuxiéme Tome de ce

Recueil, dont nous allons donner l'extrait sommaire, forment un tout, depuis l'an 1194, & deviennent d'autant plus intéressantes que l'on y voit une diplomatique suivie, & que l'on y voit encore de quelle maniere l'Abbaye de l'Absie a été enrichie ; l'on trouvera dans le 2e. Tome, des titres qui font connoître les différends qu'il y a eu d'entre les Abbés & Religieux de l'Absie, avec les descendants de leurs anciens Bienfaicteurs & notamment avec les Vicomtes de Thouars.

TOME SECOND.

Suite des titres concernants l'Abbaye de l'Absie, au Diocèse de la Rochelle.

Ce Tome est distribué en *cinq* Cahiers, il contient *quarante-huit* titres en originaux dont *trente-un*, depuis & compris l'an 1301, jusques & compris l'an 1396, & *dix-sept* depuis & compris l'an 1403, jusques & compris l'an 1462, ces titres sont des Donnations en faveur de l'Abbaye de l'Absie, des Transactions sur procès, touchant de beaux droits, quelques acquisitions faites par les Abbés de l'Abſie, des Jugemens ou Sentences touchant différens objets en litige; & autres titres, parmi leſquels, l'on trouve à la page 25 des Lettres données l'an 1370, par *Edouard* fils aîné du Roi d'Angleterre, lequel y eſt encore qualifié, *Prince d'Aquitaine & de Galles, Duc de Cornouaille, Comte de Ceſtre, Seigneur de Biſcaye & de Caſtre*; & à la page 26, ſe trouvent des Lettres-patentes en date du 5 Mai 1433, de *Charles VII* du nom, Roi de France, ſurnommé *le Victorieux*; & à la page 40, eſt une autre chartre de ce Monarque, donnée l'an 1442; l'on trouve à la page 46, autre chartre de l'an 1466, donnée par le Roi Louis XI, & autres titres; la maiſon de la Tremoille qui poſſéde le Duché de Thouars, trouveroit dans cette partie en 2 Tomes, des titres intéreſſans, l'on y trouve, d'ailleurs, des titres de la haute antiquité; *Jean* d'Orbe eſt qualifié Chevalier, en un titre de l'an 1301; la maiſon de Breſvirre y trouveroit auſſi des titres; j'ai encore, dans ma partie de titres originaux intitulés, *Diplomatique*, des titres très-anciens de la maiſon de Chabot.

Abbaye de S. *Michel*, ou de S. *Mihiel* en Thierache, Diocèse de Laon, & autres objets.

TOME TROISIEME.

Ce Tome distribué en huit Cahiers sous enveloppes, & sur lesquelles enveloppes se trouvent les extraits des titres, contient *dix-huit* titres ou originaux, dont *trois* ou *quatre* sont par anciens *Vidimus* en originaux; ces titres concernans l'Abbaye de S. *Michel*, sont des années 1160, 1240, 1250, 1257, 1259, 1299, 1300, 1302 1330 & trois de 1526.

Les autres titres concernent d'autres objets; ils sont *l'un* de l'an 1238, 1238, *Deux* de l'an 1294; un de l'an 1333, & *un* de l'an 1359, nous en donnerons l'analyse; commençons par ceux de l'Abbaye S. *Michel*.

Le titre de l'an 1160, concerne de très-beaux droits pour cette Abbaye, c'est une Transaction; celui de l'an 1240, est aussi une Transaction, touchant de beaux droits de cette Abbaye, dans le territoire de Rochefort & ailleurs, & au sujet de l'Eglise dite en Latin *Bucelli*, on y lit un

Réglement pour le service de cette Eglise : autre Transaction de l'an 1250, d'entre l'Abbé & le Couvent de S. *Michel*, d'une part, & l'Abbé de *Vauclaire*, Ordre de Citeaux, touchant le droit de Dîmes ; le Titre de de l'an 1259, est une Transaction Arbitrale d'entre l'Abbé de S. Michel, d'une part, & les Héritiers de feu Jacques d'Aubanton, en son vivant, Chanoine de Laon ; Autre Transaction arbitrale de l'an 1299, d'entre l'Abbé & le couvent de S. Michel, d'une part ; & *Jean* de Rochefort, Ecuyer, d'autre part ; les Arbitres sont Monseigneur *Jean* de Saint Pol, Chevalier, & *Jean* dit Vrenelle de Roocourt, Ecuyer ; il y est fait mention d'un *Dédit* d'une somme à payer à *Noble Homme*, Monseigneur le Comte de Blois.

La qualité de Noble Homme étoit bien considérable dans ces tems éloignés, & depuis environ deux siecles, cette même qualité se donnoit à des bourgeois ou citoyens de Lyon ; l'on en a des preuves dans ce Cabinet, par contrat de mariage.

Autre Transaction en original, datée l'an 1299, *le jour du blanc jeudi*, d'entre lesdits Abbé & Couvent de Saint Michel, d'une part; & *Jean* de Rochefort, Ecuyer, d'autre part; *Jean*, dit Hausart de Bartenay, Chevalier, & *Jean* de Luisy, Chevalier, sont du nombre des Arbitres, & s'obligent de faire tenir parole aux Parties.

Un Titre de l'an 1300, par *Vidimé*, fait l'an 1446, par *Richier* Pepin, Prêtre, Garde du Scel de la Baillie de Vermandois, établi de par le Roi. Ce Titre de l'an 1300, est Lettres-patentes données en Novembre de ladite année par *Hué* de Châtillon, Comte de Blois, & Sire d'Avesnes, en faveur de l'Abbaye de Saint Michel. Ce Prince donne le droit d'usage, *de hayer* & de pâture dans le bois de Saint Michel, à l'Abbé & aux Religieux de cette Abbaye.

Autre Titre en original de l'an 1302; c'est une Transaction arbitrale & très-intéressante, & pour de grands objets, étants en l'hommage du Comte de Blois. Cette Transaction passée d'entre *Jean*, dit Vrevelle de Roocourt, Ecuyer d'une part; & l'Abbé & le Couvent de Saint Michel, d'autre part.

Lettres de *Charles*, Duc de Bretagne, Sire de Guise, en faveur dudit Abbé & du Monastere de Saint Michel. Ce Prince permet qu'ils jouissent des *debtes* des bois, conformément aux Lettres *de son très-cher & redouté Seigneur & pere*, N'A GUERES *trépassé*, *jadis*, *Comte de Blois*, *seigneur de Guise.*

Trois Titres en originaux, de l'an 1526; sçavoir, des Lettres-patentes données à Bruxelles en 1526, de *Charles*, par la grace de Dieu, Empereur des Romains, toujours *Auguste*, Roi de Germanie, &c. Comte de Flandres, d'Artois & de Bourgogne, Palatin de Hainaut & de Hollande, &c. au sujet de la Maison & Chapelle de *Morcelles*, Prevôté dépendante de l'Abbaye de Saint Michel en Thierache, & situées au village de la Hémaide-les-Athons, au Pays & Comté de Hainaut, dans la possession desquelles Maison & Chapelle ladite Abbaye étoit *troublée.*

Le deuxieme des Titres de l'an 1526, est une Ordonnance de *Jacques* de Gaure, Seigneur de Fressin, Conseiller & Chambelan de l'Empereur & Grand Bailli du Pays & Comté de

Hainaut, adressées à son cher & bien amé *François* Brouchard, Sergent dudit Office, pour qu'il eût à assister *Toussaint* de Godisseaubos, Huissier d'Armes, pour l'exécution desdits Lettres-patentes, & le 3e. Titre est relatif aux deux, dont l'on vient de donner les extraits.

Lettres en original, datées l'an 1238, le 8e. du mois de Juillet, de *Martin* autrefois, Chapelain du Roi, de *Valeran* Chapelain de l'Eglise Sainte Marie de Paris, &c. Exécuteur du Testament de feu *Maurice* à son vivant, Chapelain du Roi, lequel ayant légué par son Testament, à *Yvon* son Chapelain, une maison située à Paris, rue de la Bretonnerie (*in Britoneria* je crois que c'est, *rue saint Croix de la Bretonerie*) étant en la censive de *Simon de Flandres*, ou *le Flamant*, ils veulent qu'après la mort dudit Chapelain, ladite maison appartienne à l'Abbaye de *Yvernaux*, & scellent lesdites lettres du Sceau de leurs Armes.

Un Titre original daté, l'an de grace 1294, le mercredi après la fête de Saint Martin en hyver, contenant reconnoissance à cens, en faveur du

Chapitre de l'Eglise Saint Mêlon de Pontoise, pour raison d'une maison située en la *Charonerie* de Pontoise, sous le sens spécifié en l'Acte, & dont les confins sont spécifiés.

Charte en original, datée à Paris le mardi avant la fête des Bienheureux Apôtres *Philippe* & *Jacques* 1294, de *Edmond* fils de *Henri* Roi d'Angleterre & de *Blanche*, par la grace de Dieu, Reine de Navarre, Comtesse Palatine de Champagne, sa femme, par laquelle Charte, ce Prince & cette Princesse font don à l'Abbaye & au Monastere de *celle*, ou de *la Celle*, de plusieurs maisons & héritages, dont le local & les confins sont spécifiés dans la Charte, deux desquelles maisons avoient appartenues à feu *Jean* de *Verdy*, ou Verdier (*Verdejo*) Chevalier; il est cédé à cette Abbaye plusieurs cens & rentes, dont il y en est près *sézanne*, ce qui donne à connoître que cet Donation est faite à l'Abbaye de la *Celle* au Diocèse de Troyes, ou peut-être que cette Abbaye est devenue le Prieuré de la *Celle*, Paroisse du Diocèse de Meaux à 12 lieues de Paris, dont sont Seigneurs Messieurs du Séminaire des Miſſions Etrangéres à Paris, & qui ont réuni ce Prieuré-Cure depuis 1754.

Teſtament en original, daté l'an 1333, indiction premiere, & le quinzième jour du mois de Décembre, de *Ademar* Evêque de Marſeille.

Ce Teſtament donne à connoître l'Etat de la maiſon de ce Prélat; il fait des legs aux perſonnes qui lui étoient attachées en qualité de Domeſtiques, & de familiers Domeſtiques, & ces legs ſont en grand nombre, & font connoître que la maiſon de ce Prélat étoit *grandement* montée, & beaucoup plus nombreuſe en Domeſtiques que ne le ſont aujourd'hui les maiſons de nos Prélats.

Il donne aux Prêtres ſes légataires, la qualité de ſes familiers & Domeſtiques: *Gaubert* Archiprêtre de l'Egliſe d'Arles, étoit ſon Chambrier, & ce Chambrier avoit un Ecuyer.

Les legs faits par cet Evêque de Marſeille ſont en très-grand nombre, il fait dans ſon Teſtament, un legs pieux.

Lettres en original en date du 22 Janvier 1359, de *Jean* de Haucourt

(on lit, *Honcourt*,) Sire de Lesdaing, Chevalier, Gouverneur & Capitaine de la terre de Guise; par lesquelles il ordonne un subside pour les réparations des fortifications des Château & Forteresses appartenans à ses très-redoutés Seigneurs Messeigneurs de Bretagne; ce subside est ordonné par Délibération du Conseil, & il devoit être levé sur les terres situées tant dans l'Empire que dans le Royaume, & étant dans le territoire de Guise.

TOME QUATRIEME.

Ce Tome distribué en dix Cahiers, contient quatre vingt-sept Titres, tous originaux, excepté *trois* du dernier siecle; parmi ces Titres originaux, il y en a douze depuis l'an 1365 à 1489, quarante-trois depuis l'an 1401, à l'an 1492; les autres sont pour la plupart, depuis l'an 1503 à 1593; excepté environ quinze, qui sont du dernier siecle, parmi lesquels il s'en trouve trois qui ne sont pas originaux.

Prix & valeur sur plusieurs objets.

1er. Cahier; ce Cahier contient *trente-neuf* Titres, tous originaux, sçavoir, *neuf*, depuis & compris l'an 1389, jusques & compris l'an 1392; *vingt-cinq* Titres depuis & compris l'an 1402, jusques & compris l'an 1492; & *cinq* depuis & compris l'an 1503, jusques & compris l'an 1593; ces Titres font connoître ce qui étoit alors payé pour des journées, soit à pied, soit à cheval & avec plusieurs chevaux & domestiques, avec des voitures pour le service du Roi, soit en temps de paix, soit en Guerre; ils font connoître, quel étoit alors le prix des denrées, il font connoître ce que l'on donnoit à des Magistrats, à gens de Finances, à messagers, à gens de pieds pour leurs journées, & salaires de grand nombre d'objets dans lesquels ils étoient employés; ils font connoître quel, alors, étoit le prix des marchandises, des meubles, de férailles, ferremens, de la charpenterie, de la menuiserie, de la maçonnerie, &c. Ils font connoître le prix des étoffes, les expressions pour les habillements; par exemple p. 8 du Tom. 4, *Jean Gauthier, couturier, demeurant à Romorentain, donne quittance devant Notaires le 5 Novembre 1456, à Maître*

Robert Baffart, Receveur Général de Monſeigneur le comte d'Angoulême, pour la ſomme de vingt-un ſols huit deniers tournois, laquelle ſomme lui étoit due, pour avoir adoubé un pourpoin de damas & un manteau pour mondit Seigneur, & pour avoir baillé une triquehouſes & Eſtaffignons.

L'on cite un autre fait. *Trois particuliers* donnent quittance, le 23 mai 1462, paſſée devant Pierre Lenglois, Clerc, Tabellion d'Avranches, à honorable homme pourvû & ſage Jacques Burdelot, Vicomte d'Avranches, *de la ſomme de trente-cinq ſols tournois pour leurs peines, droits & ſalaire, d'avoir pris en la pature de Saint Laurent de la Tregaſe, & apporter de vers Juſtice en la ville d'Avranches, trois loups & deux louves; c'eſt à ſçavoir pour chacun loup, cinq ſols, & pour chacune louve, dix ſols tournois*; ce Titre eſt à la page 9e du 4e Tome de ce Recueil, dans lequel l'on trouve un grand nombre de traits & de faits qui exigeroient que les Titres fuſſent tranſcrits en entier; l'on voit à la page 20 du même Tome 4, un état des Livres qui avoient été reliés pour la Chambre des Comptes de Paris, & de l'encre fournie depuis le premier Avril 1473, avant Pâques, jusqu'au 28 Avril 1474; le relieur de livres nommé *Jean* Dingouville donne son état le 28 Avril 1474, *de la somme de quarante-un sols huit deniers Parisis pour les parties contenues en son état, au pied duquel est sa quittance.* Voyez à la page 12e. du Tome 4, quel étoit le prix des harengs en l'année 1483, & ce que l'on prenoit sur ces harengs soit un droit de dîmes, soit un droit de Coutume; V. à la p. 13, une quitance donnée l'an 1503, de la somme de *soixante-huit livres douze sols parisis* pour la quantité *de deux cens quatre vingt-quatorze livres de cire tant jaune, verte, que rouge, au prix de quatre sols huit deniers parisis la livre*; cette cire fut livrée pour la Chancellerie; le temps n'est pas si éloigné, c'étoit l'an 1503, voyez à la page 14 du Tome 4, ce qui fut payé en 1548, pour la vaisselle d'argent vermeil dorée, livrée pour le Roi, par Pierre Hotman, le jeune, Marchand Orfévre à Paris, & voyez à la même page qu'en l'année 1558, il ne fut payé que *vingt-quatre ſols dix deniers tournois* par jour à *Gabriel* Barthelemy, Conſeiller Laïc au Parlement de Toulouſe *pro vadiis & pro prandiis meis in dicta curia deſſervientis* (terme de l'acte) & en 1593, Guillaume d'Alême, Conſeiller Laïc au même Parlement, donna quittance pour le même objet à raiſon *de trente trois ſols & quatre deniers* par chaque jour, ce Titre eſt à la page 15 du Tome 4; voyez à la même page, ce que l'on payoit en l'année 1569, aux Charetiers & Voituriers pour chevaux & charettes en voyage; le 2e. Cahier renferme un Titre original de l'an 1412, où l'on voit quel étoit le prix à Eſpinay des charpenteries & ouvrages de ferailles, &c.

Le 3e. Cahier du Tome 4e. concerne les Matieres Criminelles, il contient ſeize Titres originaux; ſçavoir, l'un de l'an 1365, les autres des années 1401, 1407, 1408, 1419, 1422, 1432, 1438, 1442, 1443, 1482, 1486, 1489, & deux de l'an 1516. Nous ne donnerons que quelques extraits ſommaires des Matieres Criminelles & nous nous abſtiendrons de faire le relevé des noms des exécuteurs de la haute-juſtice, & de leurs valets, ainsi que des noms de ceux qui ont été condamnés à mort, &c. Mais nous nommerons les personnes en place qui ont rendu les Sentences de condamnation, *nous devons cet égard au Public en général, bien différent en cela de certains particuliers qui semblent n'avoir formé des collections de manuscrits, que pour y réunir les traits défavorables aux familles, & cela peut-être plutôt par un esprit de vil intérêt que par malignité.*

Il y a deux Titres à la page 17 du Tome 4; le premier est un Réglement en date du 14 Décembre 1365, fait par *Robert* le Févre, Lieutenant du Vicomte de Rouen, au sujet de la confiscation au profit du Roi, des biens de certains particuliers à laquelle ils avoient été condamnés, ainsi qu'à la mort, pour *harelles*, monopoles & conspirations contre le Roi; le bien fut vendu à l'enchere, & l'Acquéreur s'obligea d'en payer au Roi la rente annuelle de trois sols, & *un denier à Dieu* avoit été payé au Lieutenant du Vicomte de Rouen.

Le 2e. Titre est une quittance donnée le jeudi 6 Octobre 1401, devant

Notaire, par le valet de la Haute-Justice du Roi à Rouen, à honorable homme & sage *Jean* Aubert, Vicomte de Rouen, de la somme de six livres tournois qui lui étoient due pour le terme de la saint Michel passé, *Desservis* à sondit Office. On trouve à la page 18 une quittance de l'an 1407, donnée devant Notaires & sous le Sceau de la Vicomté du Pont-de-l'Arche, par le Geolier des Prisons, pour nourriture par lui fournie à un grand nombre de Prisonniers, dont les uns avoient été condamnés à mort, & d'autres à des peines afflictives; ce Titre contient quelques particularités intéressantes, l'on y voit entr'autres choses, qu'un particulier avoit été condamné par le Magistrat & *par l'opinion de plusieurs sages & nobles*; page 19, le *valet* du Maître des hautes œuvres de la ville de Paris donne quittance à *Nicolas* de la Hére, Voyer & Receveur de Mante, de la somme de quarante-huit sols parisis, pour avoir battu par les carrefours de Mante un particulier, cette somme lui fut ordonné par le Bailli de Mante, suivant une Ordonnance du 15 Mars 1408, de *Pierre* Manterne

Lieutenant-Général, lequel contient, plusieurs particularités & où l'on voit que ledit valet eut pour deux voyages de Paris à Mante, & une autre exécution semblable à la premiere, y compris celle-ci, la somme de *quatre livres seize sols parisis* ; on voit d'ailleurs ce qui étoit payé aux Sergens du Prevôt pour assister à l'exécution, &c. Les pages 20, 21 & 22, contiennent des ordonnances & des quittances des années 1419, 1422, 1432, 1438 & 1482, relatives à ce qui étoit payé aux exécuteurs de la Haute-Justice, & à un particulier de la Garnison d'Avranches pour avoir pris & rendu à Justice un malfaicteur ; la page 24, contient une déclaration de l'an 1489, donnée par *Léonard* Prohet, Licentié-ès-Loix, Conseiller du Roi, Lieutenant de noble & Puissant Seigneur Monseigneur le Senéchal de Périgord, portant ce qui avoit été payé par noble homme *Pierre* Lacueille, Trésorier & Receveur ordinaire en la Sénéchaussée de Périgord, pour la dépense de lui Lieutenant susdit, du Procureur, Trésorier & Greffier du Roi, pour avoir vaqué à faire le procès d'un particulier lequel avoit été brulé, parce qu'il étoit *Sodomite* & Hérétique, & ce qui avoit été payé à l'exécuteur de la Justice, &c. Les pages 25 & 26 contiennent deux ordonnances de l'an 1516, pour faire venir témoins & construire un échaffaut.

Le 4e. Cahier du Tome 4, concerne aussi les Matieres Criminelles, il contient 21 Titres, depuis & compris l'an 1517, jusques & compris l'an 1698, ces Titres sont originaux excepté *trois*, il s'y trouve plusieurs Arrêts du Conseil d'Etat & de Parlement; les Titres contiennent plusieurs particularités, l'on voit à la page 350 un Arrêt de l'an 1604, par lequel un Prêtre fut condamné à être brûlé vif pour falsification, supposition & simulation en usant de fausses hosties de papier blanc & arrondi & prononçant les paroles Sacramentales requises à la consécration de la Sainte Eucharistie.

Qualifications.

Le 5e. cahier du 4e Tome ne renferme qu'un Titre original de l'an 1380, le fils ainé du Roi de Navarre n'a d'autres qualifications, que celles *de noble & puissant Seigneur Messire*

Charles, ainé fils du Roi de Navarre; c'eſt une quittance donnée à *Jean* le Franc, Tréſorier du Roi, *notre Sire, ès terres que ſouloit tenir en France & en Normandie le Roi de Navarre*, par Hennequin le Blanc, teinturier en toile, de la ſomme de cinquante un ſols *pariſis*, *pour ſa peine & ſalaire de tendre trente aulnes de toile* pour garnir les *Aivonnes* dudit Seigneur en ſon Hôtel à Paris, *c'eſt à ſçavoir pour chacune*, dix-huit deniers *pariſis* & pour cloux & rubans à clouer ladite toile *trente-deux ſols*, leſquelles deux parties ſe montent à *quatre livres trois ſols pariſis*.

Le 6e. Cahier contient un Titre original de l'an 1389, où on lit que *Denis* Beaucouſin étoit *Deporteur* de la Vicomté de Neuf-Châtel, pour *très-noble & puiſſante Dame la Reine Blanche*.

Le 7e. Cahier contient deux Titres originaux des 5 Juillet & 14 Septembre 1441, où l'un deſquels le Duc d'York a la qualité de *très-haut & puiſſant Seigneur Monſeigneur*, la qualité de *noble homme* y eſt donné à Richart de Harington, Chevalier, Bailli de Caen.

Le 8e. Cahier contient un Titre original du 5 Septembre 1441, où la qualité de *honorable homme & ſage* eſt donné à *Guillaume* Plompton, Ecuyer, Vicomte de Falaiſe.

Le 9. Cahier contient quatre Titres, de l'an 1489, où la qualité *d'honorable homme & ſage* eſt donné à *Jean* Baqueler, Ecuyer, Lieutenant Général de M. le Vicomte de le Caudebec, c'eſt une quittance donnée par *Jean* des Mares, Avocat du Roi ès-Vicomté de Caudebec de Monſtreviller, où parlant du Tréſorier, il le qualifie *mon très-honoré Seigneur Monſeigneur le Tréſorier*; le 2e. Titre eſt de l'an 1501, la qualité de *honorable homme maître*, y eſt donnée à *Jacques* Ayrolde, Notaire & Secrétaire du Roi & Seigneur de la Couſte, en 1508, quittance donnée à *honorable homme Sire* Antoine Boileau, Tréſorier & receveur ordinaire en la Sénéchauſſée de Beaucaire & Nîmes; & en un Titre de l'an 1544, on lit de la partie *d'honorable homme* Maître *Auguſtin* de Thou, Préſident pour le Roi notre Sire à Paris; *Ce dernier Titre en parchemin n'eſt pas ſigné.*

Le 10e. & dernier Cahier contient

une quittance originale de l'an 1486, donnée par Imbert de Vacey, Seigneur de Belmont, Conſeiller du Roi & contrôleur des draps de Soie entrant au Royaume de France en Dauphiné, à *Monſeigneur Maître* Denis de Bidaut, Conſeiller & Général des Finances du Roi; *Pierre* Nalles, ſon commis, y a la qualité de *ſire*. L'on ajoute à ce dernier Cahier, un manuſcrit contenant des extraits pour l'objet des qualifications, dont la plûpart ſont faits ſur Titres originaux de mon Cabinet.

TOME CINQUIEME.

Ce Tome cotté au dos: *Titres pour le Droit public, l'Hiſtoire, le Clergé, la Généalogie, &c. Tome 5, Reines de France, Officiers de la maiſon des Reines de France.* Ce Tome, dis-je, concerne uniquement la Reine Anne d'Autriche, Infante d'Eſpagne, Femme de Louis XIII du nom, Roi de France & de Navarre: il eſt diſtribué en huit Cahiers, & il contient cent-cinq Titres & pieces relatives à la Reine *Anne* d'Autriche & au Royaume; nous en donnons l'analiſe ſuccinte.

Le premier Cahier contient neuf

Arrêts

en originaux rendus au Conseil de la Reine, ès années 1624, 1625, 1636 & 1639, touchant les objets que l'on va dire.

Un Arrêt du 22 Septembre 1624, par lequel, la Reine pour des motifs spécifiés dans l'Arrêt, éteint & supprime la Charge d'Ecuyer ordinaire de son écurie.

Le 2e. Arrêt en date du 16 Juillet 1624, concerne l'hérédité des Notaires du Châtelet de Paris, & autres.

Les 3e, 4e & 5e Arrêts des 27 & 28 Novembre 1625, ont pour objet l'Office de Receveur des Consignations, &c. des Chambres des Comptes de Paris, &c.

Les 6e & 7e Arrêts concernent les Exempts & Archers tant de la Connétablie de France que des Exempts & Archers Généraux & Provinciaux des Maréchaussées de France, Vice-Baillifs, &c. ils sont par *Duplicata* du 26 Octobre 1626.

Le 8e Arrêt du 7 Mars 1636 a pour objet le Réglement de la nourriture des huit Pages de la Reine, leurs Gouverneurs, Serviteurs & Domestiques.

Le 9e Arrêt en date du 28 Décembre 1638, concerne ce qui a rapport au premier Ecuyer de la Reine.

Le second Cahier du Tome cinquieme, contient *vingt-deux* pieces, presque toutes signées, ou paraphées de la Reine; elles sont depuis & compris l'an 1626, jusques & compris l'an 1645.

Ces pieces sont; sçavoir, l'Etat des Secretaires de la Reine en l'année 1626, ils étoient au nombre de *soixante & dix*; leurs gages pour une année & pour tous ensemble, n'alloient qu'à la somme de *trois mille cinq cens livres* à raison de *cinquante livres* chacun; ils sont tous désignés par leurs noms & surnoms, *Jean* Bernardini est nommé le premier, puis *Mathieu* Vivot, & ainsi des autres.

Trois Etats des années 1627 & 1628, des bagues, pierreries, boëtes d'or, portraits à chaînes d'or, croix de diamans, reliquaires & autres pieces d'orféverie destinés pour les étrennes que cette Princesse la Reine *Anne* donnoit au Roi, aux Princes & Princesses, à ses Dames d'Atour & à ses Officiers; l'on voit dans ces Etats quel étoit le prix de ces objets.

Trois autres Etats des années 1528 & 1629, des sommes d'argent données pour étrennes par la même Princesse; les sommes sont spécifiées dans les Etats.

Un Etat de l'an 1632 du prix de louage de chevaux, depuis Metz & autres endroits jusqu'à Paris, pour conduire les carrosses de Sa Majesté, charettes & bagages de sa suite.

Deux Etats de l'an 1635, de la recette & dépense de la maison de la Reine, & de l'argenterie de la Chambre.

Un Etat au vrai de la recette & dépense de la Reine, pour l'an 1637. *Cet Etat est à voir ainsi que les autres.*

Huit Etats des années 1638 & 1639, des récompenses données par ordre de la Reine Mere aux Officiers de sa maison.

Trois Etats des années 1643, 1644 & 1645, de la dépense pour l'écurie de la Reine & ses valets de pied. La *dépense des chevaux & mulets alloit* à dix neuf sols par jour, pour chaque cheval & mulet.

Le troisieme Cahier du Tome 5e. contient quatre Etats; sçavoir, un

Etat de la dépense nécessaire pour l'équipage du Cardinal Infant, un autre Etat intitulé: *Etat de la dépense nécessaire pour l'équipage de chasse que la Reine doit envoyer à Monsieur le Cardinal Infant.* Un autre intitulé: *Etat au vrai de la dépense qu'il convient faire chacun an dans l'écurie de la Reine.* Le quatriéme Etat concerne les menues fournitures qui se payoient deux fois par an aux cochers, muletiers. palfreniers, postillons & aides de l'écurie de la Reine.

Le Quatrieme Cahier du Tome 5e. contient quatre pieces; sçavoir, un mémoire en forme probante intitulé: *Mémoire pour habiller les pages, valets de pied, cochers, postillons, multiers, Palfreniers & aides de l'écurie de la Reine pour l'année 1622.*

Cette Princesse avoit douze pages, leurs habillemens étoient, *jupes, chausses-bas, manteaux*, les habits étoient écarlates, les manches de la juppe chamarées de velours blanc & bleu, &c.

Quatre états des années 1643, 1644 & 1645, contenans la dépense de l'écurie de la Reine, le charoi, les Haquenées des Dames d'Atour, &c.

Le cinquieme Cahier du Tome 5e. contient *quarante-quatre* Ordonnances en original de la Reine *Anne*, signées de cette Princesse, & adressées au Trésorier Général de ses maison & Finances; elles sont des années 1624, 1625, 1626, 1627, 1628, 1629, 1630, 1631, & 1632. Elles ont pour objet le payement des gratifications accordées par Sa Majesté la Reine *Anne* à ses Gentilhommes servants, aux Gouvernantes de ses filles Damoiselles, leurs femmes de chambre, aux femmes de chambre de Sa Majesté, à la Dame ayant la charge de ses *menus plaisirs*, aux Suisses de la Garde du Corps du Roi, ordonnés pour la suite de cette Princesse, à son Médecin, à ses Dames, à ses Tapissiers, au maître de sa garderode, à l'un des servants à la table de ses femmes de chambre, à ses peintres, au garçon servant ordinairement dans sa chambre, & à d'autres dont les noms sont employés dans les Ordonnances.

Le sixieme Cahier du Tome cinquieme contient douze reconnoissances en original, des années 1626, 1627 & 1628, données par Madame de Silly, Dame d'Atour de la Reine, des pierreries, bagues, bracelets, boucles d'oreille de diamans, *Nativités*, & coupes d'argent, chaînes de diamans, & rubis en bagues, une petite enseigne d'or d'un enfant Jesus, enrichie de diamans, d'un reliquaire d'or enrichi de sept grands diamans à jour, des nœuds d'or enrichis de diamans, tous lesquels objets, *excepté un seul*, la Reine avoit donné par *Présents* à des Dames, à des Seigneurs, & à des particuliers nommés dans les reconnoissances de Madame de Silly.

Le Septiéme cahier du Tome cinquieme contient neuf pieces toutes copies, ou, sans signatures, ou collationnées, relatives aux objets dont l'on a parlé.

Le Huitieme & dernier Cahier du Tome 5e contient des Lettres-patentes en original de la Reine mere du Roi, (*Louis XIV. du nom, surnommé le Grand*) *l'an* 1601, *touchant l'aggrandissement du Parc de Vincennes*.

TOME SIXIEME.

Ce Tome est distribué en plusieurs Cahiers, sous envelopes, avec l'Extrait du Titre, ou les Extraits des titres sur chaque envelope, le tout rangé par Cahier avec le numero.

No. 1er. Ou premier Cahier, une lettre en latin, sans date, que je crois être de vers l'an 1300, dont la suscription est en ces termes: *Magnifico & potenti viro Domino de Villars & Rupe & Vicecomite Lautrecenci Domino meo metuendissimo*; elle est signée, *Johannes de terra rubea*, & elle est toute en abréviations.

No. 2e. Deux lettres; sçavoir, une lettre datée le 1e Janvier, & au revers, on lit qu'elle est de l'an 1428, cette lettre est signée en ces termes: *Le Seigneur de Villars & de Roche*, la suscription est: *A mon très-cher & espécial ami Mess. Jaeme Postel, Licentié-ès-Loix & mon Juge de ma terre de Vivaret & Valentinois*; elle commence en ces termes, *très-cher & Espécial ami, je vous salue de très-bon cœur & veuillez sçavoir que, &c.*

Cette lettre est de *Philippe* de Levis, IV du nom, Vicomte de Lautrec, Seigneur de la Roche d'Anonay, Comte de Villars, &c.

Ce Seigneur avoit épousé en 1395, *Antoinette* d'Anduse fille de *Louis* Seigneur de la Voute & de *Marguerite*, d'Apchon sa seconde femme; il écrivit à ſon épouſe, la lettre eſt datée, le 6e jour de Juin ; la ſuſcription eſt en ces termes : *A Antoine, Dame de Villars de Roche de la Voute, Vicomteſſe de Lautrec* ; elle commence en ces termes : *Antoine je te ſalue de très-bon cuer, & veuilles ſçavoir que, &c.* Il l'informe qu'il avoit envoyé *François* Preſſi vers les Comtes de Foix & d'Armagnac, & devers Monſeigneur l'Evêque d'Agde, & qu'il avoit envoyé à ce Prélat les priviléges du bas-Pays de Languedoc.

No. 3e. Une lettre datée à Nonnay le 11e. jour d'Août, elle eſt ſignée au pied, en ces termes : *Philippe de Levis, Seigneur de Villars, de Roche & la Voute* ; & à côté, on lit, *tout votre* ; la ſuſcription eſt : *A Très-Révérend Pere en Dieu mon très-cher Seigneur M. l'Archevêque de Beſançon* ; elle commence en ces termes, *Très-Révérend Pere en Dieu, & mon très-cher Seigneur, je me recommande à vous tout comme je puis, deſirant de tout mon cuer ſçavoir bonnes nouvelles du bon état de votre perſonne.*

Trois autres Lettres de *Louis* de Châlon, Seigneur d'Arlay & Prince d'Orange, signées de la maniere que je viens de dire ; la premiere commence en ces termes: *A mon très-cher & très-honoré Frere Philippe de Levis, Seigneur de Villars, de Roche & de la Voute & Vicomte de Lautrec* ; la date est en ces termes, *escript en mon Hôtel de Blectens le* 21 *jour de Novembre.* Cette lettre mérite d'être lue, ainsi que celle qui suit, elle est du même Prince d'Orange & écrite au même Seigneur de Lévis ; elle est du 26 Octobre sans date d'année ; elle finit ainsi, *se chouse voulez que je puisse faire & je le farey de très-bon cuer, ce soit notre Seigneur que vous ait en sa sainte garde.*

La 3e. Lettre est du même Prince d'Orange *Louis* de Châlon, elle est du 26 Octobre, sans date d'année, & écrite selon la suscription en tête : *A mon très-cher & très-honoré Seigneur Monseigneur le Duc de Savoye* ; Cette Lettre me paroît intéressante.

No 4. une Lettre datée à la Voute le premier jour d'Août ; je crois être devers l'an 1440 ; la suscription est : *A Monseigneur Maître Vidal de Langlade, Procureur en Parlement, bien digne* ; elle commence en ces termes : *Mon-*

seigneur Maître vidal, mon honoré Seigneur, je me recommande à vous beaucoup de fois & du meilleur cuer que j'ai & vous plaise à sçavoir, &c. Cette Lettre concerne la maison de Lévis; elle est à lire, elle finit en ces termes, *votre quiesen B. Barjac*; il étoit au service du Seigneur de la Voute, & il le qualifie son maître

No 5. Il y a sous cette envelope six Lettres écrites de l'an 1400 à 1430; Elles sont des Seigneurs de la maison de Lévis, & écrites à ceux de leur maison.

No. 6. Une Lettre datée à Morge le 27e. jour de Novembre (*vers l'an* 1400,) la suscription est en ces termes: *à mon très-cher & très-honoré Seigneur de Couche & de la Voute, Vicomte de Lautrec*; elle *finit en ces termes: Le tout votre Jehan de Beaufort*, elle *est curieuse.*

No. 7. Ce cahier contient dix lettres sans date d'années, je les crois depuis vers l'an 1300 jusques vers l'an 1450; elles concernent la maison de Levis; la deuxieme est écrite à M. le Chancelier de Savoye par un Seigneur de la maison de Lévis, la suscription est en ces termes : *A mon très-honoré Seigneur M. le Chancelier de Savoye* : Toutes ces Lettres sont intéressantes.

N°. 8. Ce Cahier renferme dix lettres, l'une est du 25 Avril 1466, après Pâques ; on y lit en tête, ce qui suit. *La Dame d'Antoing & d'Espinoy, connestablesse de Flandre.* Cette lettre est écrite à Galois de la Rachie son Receveur d'Espinoy, & elle finit en ces termes ; *Notre Seigneur soit guarde de vous, escript en nostre Chastel d'Antoing sous notre signe manuel, le 25e jour du mois d'Avril 1466 après Pâques* ; elle signe *d'Abbeville*, avec un paraphe.

Autre Lettre du 9 Octobre 1505, écrite par *Fiz de Labsute*, avec cette suscription, *à mon très-cher & especial ami Jean de la fargé mon Chatelain de Mirabeau* ; la Lettre commence en ces termes, *très-cher & espécial ami, je me recommande à vous de bon cœur.* Il s'agit d'une somme d'argent que son Chatelain lui avoit envoyé, & il finit par ces mots ; *je vous promets vous en tenir compte, & pour surté j'ai signé ces présentes en ma maison de Pouligny, de ma main ce 9e jour du mois de Mars 1505, votre ami Fiz de Labſute*; voilà en l'an 1505, le ſtile ancien, & pour mieux faire connoître quelle a été la variété dans le ſtile épiſtolaire, j'ai joint huit lettres ſous l'envelope cotée N°. 8, elles ſont des années 1507, 1570, 1586, 1608 à 1617; *je m'abſtiens d'en donner les extraits.*

N°. 9. Quittance en original du 17 Janvier 1577, donnée par *noble homme Nicolas* de la C..... Gentilhomme ordinaire de la *maiſon du Roi de Navarre*, héritier ſeul & pour le tout *de défunte Honorable femme Marguerite du B.... ſa mere, elle vivant, femme d'honorable homme Claude de la C....... Vendeur de Beſtail à pied fourchu au Marché de Paris, Pere dudit Nicolas de la C...*

N°. 10. Quatre rôles, dont un en original des nobles & Gentilhommes du Bailliage de Chaumont en Champagne, qui furent commandés en l'année 1696, pour le ban & arriere-ban, avec d'autres pieces relatives à cet objet.

N°. 11. Sept Titres en originaux, contenants les états, comptes & autres pieces de l'an 1705, pour la Capitation de la Bourgeoisie de la ville de *Cherbourg* en Normandie; *les noms patronicimes des Bourgeois & ceux de leurs familles y sont énoncés, ainsi qu'ils le sont dans les quatre rôles que je viens de citer & en d'autres qui suivent.* Onzieme Cahier *bis*. Compte en original de l'an 1705, pour la Capitation de la Bourgeoisie des villes de *Coutances* & de Grand-ville en Normandie.

No. 12. Quatre Titres, qui sont les Etats, rôles & comptes en originaux, de l'an 1705, pour la Capitation de la Noblesse, des Officiers de judicature & de la Bourgeoisie de la ville de *Saint Lo* en Normandie.

No. 13. Deux Etats en originaux; de l'an 1705, pour la capitation de la Noblesse & des Officiers de judicature de l'Election de Valognes en Normandie.

No. 14. Deux rôles en originaux de l'an 1705, pour la Capitation des Nobles & des Officiers de judicature dans l'Election de Vire & de Condé en Normandie.

No. 15. Etat en original de l'an 1688, des Officiers qui composoient le siege de *Rethel*, réservés par Edit du mois de Janvier 1685; de ceux qui en dépendoient & encore des Notaires & Sergents Royaux de la résidence de cette ville, & des autres lieux de ladite Election, rédigé par l'ordre de M. le Contrôleur Général.

N°. 16. Inventaire en forme probante, en date du 8 Août 1708, des quittances de finances, tant pour les Offices de Jurés Mesureurs de Grains créés par Edit du mois de Janvier 1697, que pour la confirmation des droits des Foires & Marchés dans toutes les Elections, Villes & Bourgs de la Généralité d'Orléans.

N°. 17 Ordre du stage de tout temps pratiqué par Messieurs les Chanoines de Saint Aignan de la ville d'Orléans, avant que d'être Capitulans.

N°. 18 Lettres-patentes du Roi *Louis* le Grand, données à Paris le 2 Avril 1661, & enregistrées au Parlement, par lesquelles, Sa Majesté accorda à M. le Duc d'Orléans *son cher Frere unique*, le droit de présenter & nommer aux Abbayes, Prieurés & autres Bénéfices (*excepté aux Evêchés*) dans l'étendue des Duchés d'Orléans

& de Chartres & de la Seigneurie de Montargis.

No. 19. Arrêt en original, du Conseil d'Etat du Roi en date du 28 Mars 1685 au sujet des abus commis dans la recherche des usurpateurs de Noblesse en la Généralité de Poitiers, & Lettres-patentes sur ledit Arrêt pour l'exécution d'icelui.

No. 20. vingt six Lettres en originaux du Roi Louis le Grand, & scellées de leurs Sceaux depuis & compris le 4 Avril 1650, jusques & compris le 23 Mai 1694; ces Lettres concernent différents objets relatifs au Gouvernement de l'Etat, *Elles seront précieuses à jamais.*

TOME SEPTIEME.

No. 1er. Charte en original dattée en la maison Pontificale de Chartres l'an de l'incarnation du Seigneur 1166, donnée par *Guillaume*, Evêque de Chartres, par l'Abbé de Pontlevy, & par tout le Chapitre, touchant le réglement de décimes & autres objets, Prieres, Messes, Oblations en faveur des Chapelains de l'Eglise de saint Valerien de Chateaudun; ce Titre concerne le

Prieuré de saint Valerien, de Châteaudun dépendant de l'Abbaye de Pontlevy, de l'Ordre de saint Benoît, Diocèse de Chartres.

Dix autres Titres en originaux des années 1208, 1226, 1227, 1244, 1250, 1258, 1261, 1311, 1482 & 1515; tous concernants ledit Prieuré de saint Valerien, ce sont des donations faites à ce Prieuré, des transactions pour cens & biens spécifiés dans les Titres, à l'avantage de ce Prieuré, avec un bail à rente.

No. 2e. Quatre Titres en originaux dont l'un sans date, me paroît être devers l'an 1150; les autres sont des années 1207, 1398 & 1426; ces Titres concernent ledit Prieuré de saint Valerien; ce sont des concessions faites à ce Prieuré de cens, ce sont des transactions pour cens & droits, reconnoissances à cens, & bail à cens pour des objets mentionnés dans les Titres, ainsi que les territoires sur lesquels les cens & biens sont situés.

No. 3e. Charte en original datée l'an 1185, par laquelle, *Ursio* de Fraitavalle reconnoît que *Jocelin* de la Guerche (*de Guerchia*) étant attaqué d'une maladie dont il étoit mort, & ayant pris l'habit de Religieux du consentement de *Agnès* sa femme, il avoit donné par aumône, aux Moines de Pontlevy, la rente annuelle de *cinquante-cinq sols*, assignée sur le Bion près Châteaudun, laquelle donation, *Nevelon* frere dudit *Jocelin*, confirma en ladite année, &c.

No. 4e. Charte en original de *Yves* Evêque de Chartres (*il fut Evêque vers l'an* 1092, *jusqu'en* 1116). La Charte est sans date, je la crois de vers l'an 1111, par cette Charte, le Prélat, sur le différend qui étoit d'entre les Moines de Pontlevy, d'une part, & les Chanoines du S. Sépulchre d'autre part, décide que les Chanoines du S. Sepulchre ne pourroient baptiser aucun enfant dont les Peres & Meres seroient résidants dans la Paroisse de S. Valérien, & qu'ils n'en confesseroient aucuns malades qu'après que la visite en auroit été faite par les ministres de l'Eglise de Saint Valerien, & qu'ils n'admettoient aucuns desdits Paroissiens à la Communion à la Fête de Pâques & à celle de la Pentecôte, & ne donneroient la sépulture à nul desdits Paroissiens.

N°. 5e. Deux Titres en originaux des années 1495 & 1504, où l'on voit qu'en Bretagne il se faisoit une assemblée de Nobles, de Bourgeois & de Marchands, pour faire l'estimation des moutons, & on lit dans ces Titres *que le prix de chaque mouton, ne fut porté qu'à la somme de cinq sols tournois.*

Il me reste un grand nombre de Titres concernants le droit public & l'Histoire,&parmi ces Titres il s'en trouve quelques-uns de la haute antiquité, mais comme mon Privilége finit au 14e jour du mois de Mars prochain, il ne m'est pas possible de travailler ces Titres ni d'en donner les extraits.

Je ne puis toutefois, avant de finir ce Tome d'inviter les Maisons & Familles nobles d'avoir l'attention à ne placer dans leurs Archives que d'honnêtes gens & qui soient intelligents; mon Cabinet est composé de plus de *cent mille* Pieces ou Titres dont plus de *soixante & dix mille* en originaux; Est-il croyable que ces Titres soient réunis chez un simple particulier? Lecteurs, voyez le deuxiéme Tome de mon Dictionnaire, au Chapitre intitulé, *Veritas amat lucem*, & ne me refusez pas votre attention.

Il y a trois à quatre mois que j'ai acheté chez un Marchand Epicier, *quarante-sept livres* pesant de Titres; j'ai été heureux dans cette acquisition, puisque j'y ai trouvé un très-grand nombre de Titres concernants la Maison de Rohan; j'en ai travaillé quelques-uns; je les ai rangés par ordre chronologique sous des envelopes numérotées, & sur chaque envelope, se trouve l'extrait sommaire du Titre, de la maniere qu'on va le voir.

Je dois prévenir le Lecteur que par ces Titres, je prouve que tous nos Rois depuis & compris *Charles VII.* du nom, Roi de France, surnommé le victorieux, jusques & compris *Henri IV.* du nom, Roi de France & de Navarre, surnommé le Grand, ont donné le Titre de Cousin aux Princes de la maison de Rohan, &c.

No. 1er. Lettres-patentes en original de *Charles VII.* du nom, Roi de France, surnommé le *Victorieux*, données à Château-Thierry, le neuvieme jour d'Août 1429, & de son Régne le 7e, en faveur *de son bien amé-Cousin Charles de Rohan, Seigneur de Guemené-Guinguant.*

No. 2e. Lettres-patentes en original, de *Charles VII* du nom, Roi de France, surnommé le Victorieux, données à Paris le 22e. jour de Novembre 1453, & de son Régne le 32e, en faveur *de son cher & bien-amé cousin, Louis de Rohan, Seigneur de Guemené-Guinguam.*

Nous nous bornons dans nos extraits, à ne rapporter que les faits qui vont à la grandeur de la maison de *Rohan ;* nous n'entrons pas dans ceux relatifs à l'intérêt des Titres, ces faits étant étrangers à l'objet généalogique.

No. 3. Lettres-patentes en original, de Louis XI du nom, dit *le prudent*, Roi de France, données *à Notre-Dame de clery le* 19e jour de Novembre, l'an de Grace 1473 ; & adressées aux Baillifs de Caen, Vicomte dudit lieu, de Falaise & de Vire, en faveur *de son cher & féal cousin* Pierre *de Rohan, Seigneur de Gye.*

Ce Titre prouve que *Pierre* de Rohan, Seigneur de Gye, étoit fils de feu *Louis* de Rohan, Seigneur de Guémené, » *lequel etoit en son vivant*, » *notablement & grandement herité* » *tant ès pays de Bretaigne, Normandie, Anjou, Maine, que ailleurs au* » *Royaume de France, &c.*

N°. 4e. Lettres-patentes en original, de *Louis XI*, du nom, Roi de France, dit *le Prudent*, données *au Plessis du parc-les-Tours* le huitieme jour de Novembre l'an de grace 1480, & de son Regne le vingtieme, en faveur *de son amé & féal cousin* Pierre *de Rohan, comte de Marle & de Porcien, Seigneur de Gye & Maréchal de France.*

N°. 5e. Lettres-patentes en original, de *Charles VIII* du nom, Roi de France, données à Senlis le quinzieme jour de Mai 1493, & de son Regne le dixieme, en faveur *de ses chèrs & bien-amés cousin & cousine* Pierre *de Rohan, Seigneur de Gye, Maréchal de France, & Chevalier de son Ordre, &* Françoise *de Penhoet sa femme Vicomte & Vicomtesse de Fronsac.*

N°. 6e. Lettres-patentes de Louis XIIe du nom, Roi de France, surnommé *le Pere du Peuple*, données à

Nantes le 27e jour d'Octobre (*ancien stile*) de l'an 1500 & de son Regne le 3e. en faveur *de son cher & amé cousin le Sire de Guemené*, ce Titre est par vidimé en original du 3e jour de Mars (*ancien stile*) de l'an 1500.

No. 7. Lettres-patentes en original, de Louis XIIe du nom, Roi de France, surnommé *le Pere du Peuple*, en faveur* *de son cher & amé cousin.* (** C'est Pierre de Rohan, Seigneur *de Gye, Maréchal de France.*)

No. 8. Lettres-patentes en original, de Louis XIIe. du nom, Roi de France, surnommé *le Pere du Peuple*, données à Mâcon le 19e jour de Septembre l'an de grace 1503, & de son Regne le sixieme, par lesquelles Lettres Sa Majesté *ayant égard & considération des grands, louables, vertueux & très-recommandables services que son très-cher & très-amé cousin Pierre de Rohan, Duc de Nemours, Pair & Maréchal de*

* *Dilecto & consanguineo nostro militi ordinis nostri Domino de Gye, Marescalo Franciæ, &c.*

** Le nom de Pierre de Rohan, est effacé.

France lui avoit ci-devant faits & faisoit chaque jour à l'entour de sa personne à la conduite & direction des affaires de son Royaume, lui fait don de tout le revenu, profit & émolument de son droit de Gabelle du Grenier à Sel établi à Lunel, afin qu'il eût mieux de quoi honorablement entretenir son état, &c.

No. 9. Lettres-patentes en original, de Louis XIIe. du nom, Roi de France, données l'an de Grace 1505, & de son Regne le 8e. en faveur *de son amé & féal cousin Pierre de Rohan, chevalier de son Ordre, Seigneur de Gye, Maréchal de France.*

No. 10. Autres Lettres-patentes en original de Louis XIIe du nom, Roi de France, données à Paris le 15e. jour de Mars, l'an de Grace 1506, & de son Regne le neuviéme, en faveur *de son cher & amé cousin, son conseiller & son chambellan ordinaire Pierre de Rohan, chevalier de son Ordre, Seigneur de Gye, Maréchal de France.*

No. 11. Lettres-patentes en original, de *Louis* XII. du nom, Roi de France, données à Blois l'an de Grace

1513, & de ſon Regne le ſeizieme, en faveur *de ſon amé & feal Couſin Pierre de Rohan, Chevalier de ſon Ordre, Seigneur de Gye & Marechal de France.*

No. 12. Lettres-patentes en original, de François premier du nom, Roi de France, appellé *le Pere & le Reſtaurateur des Lettres*, données à Paris le 14e jour de Juin l'an de Grace 1515, & de ſon Regne le premier, en faveur *de ſon cher & amé couſin Charles de Rohan, Chevalier de ſon Ordre & Seigneur de Baugé.*

No. 13. Lettres-patentes en original, de François premier du nom, Roi de France, données à Paris le 12e jour de Janvier l'an de Grace 1522, & de ſon Regne le neuvieme, en faveur *de ſon très-cher & bien amé couſin, Charles de Rohan, Chevalier de ſon Ordre, Baron du Château du Loir.*

Le Roi *François* premier du nom, étoit petit-fils de Jean d'Orléans, Comte d'Angoulême & de Périgord, ſurnommé *le Bon*, & de *Margueritte* de Rohan, fille *d'Alain* IXe. du nom, Vicomte de Rohan, & de *Marie* de Bretagne.

No.

No. 14. Quatre Lettres-patentes en original de François premier du nom, Roi de France, dont trois des 27 & 28 Juin, & 20 Juillet 1526, & l'autre dont la date est effacée, en faveur *de son très-cher & amé cousin Charles de Rohan, chevalier de son ordre, comte de Guise & Seigneur de Gye & de Penhoet.*

No. 15. Lettres-patentes en original, de *François* premier du nom, Roi de France, données à Paris le 16e. jour de Juillet 1543, en faveur *de son bien amé cousin François de Rohan, chevalier Seigneur de Gye.*

No. 16. Lettres-patentes en original, de *Henri* deuxieme du nom, Roi de France, données à Paris le 25e. jour de Mai 1547, & de son Regne le premier, en faveur *de son cher & bien amé cousin François de Rohan, Seigneur de Gye, Gentilhomme ordinaire de sa chambre.*

No. 17. Lettres-patentes en original, de *Henri* deuxieme du nom, Roi de France, en date du 22e. jour de Décembre 1550, & de son Regne le 4e. en faveur *de son très-cher & amé cousin François de Rohan, chevalier de son ordre, Seigneur de Gye, Fils & principal héritier de feu son très-cher & amé cousin Charles de Rohan, aussi chevalier de son ordre.*

N°. 18. * Deux Lettres-patentes en original, de *Henri* deuxieme du nom, Roi de France, données à Villers-Coteret le 14 Octobre 1553, en faveur *de son cher & amé cousin François de Rohan, chevalier de son ordre, Seigneur de Gye & Baron de Châteaux-du-Loir.*

N°. 19. Lettres-patentes en original, de *Henri* deuxieme du nom, Roi de France, données à Paris le huitieme jour de Janvier l'an de Grace 1558, & de son Regne le deuxieme, en faveur *de son très-cher & très-amé cousin François de Rohan, Sieur de Gye, chevalier de son ordre, & Lieutenant-Général au Gouvernement de Bretaigne.*

N°. 20. Trois Lettres-patentes en original de *Charles* neuvieme du nom, Roi de France.

La premiere donnée à Paris le 26e.

* *Nota.* Ces deux Lettres-patentes sont relatives au même objet.

jour d'Octobre, l'an de Grace 1568, en faveur *de ses Cousin & bien amez Louis de Rohan, Chevalier de son ordre, Seigneur Guémené, Comte du Montbazon, Sainte Maure & Nonastre, & Léonore de Rohan sa Femme.*

La deuxieme est donnée au Plessis-les-Tours, le 26e. jour de Septembre, l'an de Grace 1569, & de son Regne le 9e., en faveur *de son cher & bien amé cousin, Messire Louis de Rohan, Seigneur de Guémené, Chevalier de son ordre.*

La troisieme est donnée à Rennes le onzieme jour de Janvier, l'an de Grace 1574, & de son Regne le quatorzieme, en faveur *de son cher & bien amé cousin Louis de Rohan, Prince de Guemené.*

No. 21. Lettres-patentes en original, de *Henri*, troisieme du nom, Roi de France & de Pologne, données à Paris le 18e. jour de Décembre, l'an de Grace 1576, en faveur *de son bien amé Cousin Louis de Rohan, Chevalier de son ordre, Prince de Guemené, Comte de Montbazon, Sainte-Maure & Nonastre, Baron de la Haye en Touraine,*

& de Marigny, Seigneur Châtelain du verger en Anjou, Gentilhomme ordinaire de sa chambre.

N°. 22. Deux Lettres-patentes en original, de *Henri* troisieme du nom, Roi de France & de Pologne, des années 1577, & 1581, & données par ce Monarque, en faveur *de son cher & bien amé Cousin Louis de Rohan, Prince de Guemené, Chevalier de son ordre, &c.*

No. 23. Lettres-patentes en original, de *Henri IV* du nom, Roi de France & de Navarre, surnommé *le Grand*, données à Paris, le premier jour du mois de Juillet, l'an de Grace 1594, & de son Regne le cinquieme, en faveur *de son cher & amé Cousin le sieur Prince de Guemené, Pair de France.*

Je viens de finir les extraits des Titres concernants la maison de Rohan, touchant lesquels j'ai prévenu le Lecteur; l'on a vu de quelle maniere ces Titres me sont parvenus; je viens d'en travailler quelques autres dont je vais donner les extraits sommaires.

No. 24. & 25. Deux Titres en originaux, des 15 Fevrier & 15 Juin 1517, par lesquels, * *Louise mere du Roi, Duchesse d'Anjou & d'Angoumois & Comtesse du Maine*, qualifie *de son très-cher & amé Cousin, Charles de Rohan, Chevalier de l'Ordre du Roi, Comte de Guise, Seigneur de Gye & du Vergier.*

No. 26. *Jeanne* de Navarre, Fille de *Philippe*, Comte d'Evreux, Roi de Navarre, & de *Jeanne* de France, Reine de Navarre, fut mariée en 1377 à *Jean* premier du nom, Vicomte de Rohan; Elle étoit Sœur de *Blanche* de Navarre, mariée, par contrat passé à *Brie-Comte-Robert*, le 29 Janvier 1349, à *Philippe* VI. du nom, dit de Valois, Roi de France, surnommé *le bien fortuné*, ou, *le Catholique*, dont elle fut la deuxieme Femme; *Blanche* Reine de France, & *Jeanne* de Navarre, sa Sœur, furent exécutrices du testament de *Philippe* de Navarre,

* Louise de Savoye, Duchesse d'Angoulême & d'Anjou, Comtesse du Maine, & Mere de François premier du nom, Roi de France.

leur frere, Comte de Longueville, Lieutenant-Général pour *Charles*, deuxieme du nom, Roi de Navarre, son frere, dans le Gouvernement des Terres qu'il avoit en France & en Normandie.

Je viens de dire que *Blanche* de Navarre, Reine de France, & *Jeanne* de Navarre sa Sœur, furent exécutrices du testament de *Philippe* de Navarre, leur frere; je prouve ce fait par un Titre en original, daté le dernier jour de Janvier l'an 1363; j'en transcris les premieres lignes, ne fut-ce que pour faire connoître les qualifications; ce Titre commence en ces termes, « *Saichent tous que je* » *Laurens, Alleaume, receveur de* » *l'exécution* * *de mon très-redoubté* » *Seigneur Monseigneur Philippe de* » *Navarre, dont Dieu ait l'ame ai* » *eu & reçu de l'exécution de mondit* » *Seigneur pour la dépence de moi,* » *mes gens & chevaux, pour laquelle* » & par l'Ordonnance de ma très-

* *Nota*, je transcris plusieurs mots qui sont par abréviations; c'est afin de me rendre intelligible.

» redoubtée Dame Madame la Reine
» Blanche, & Madame Jehanne de
» Navarre, exécutresses dudit Mon-
» seigneur Philippe & des autres exé-
» cuteurs, d'icelui, &c.

Ce Titre prouve le fait touchant lequel j'ai prévenu le Lecteur.

Jeanne de Navarre fut mariée en l'année 1377, à Jean premier du nom, Vicomte de Rohan; Elle fut sa deuxieme Femme; Nous avons un Titre en original, en date du troisieme jour de Mai 1396; c'est une quittance donnée en présence *d'Alain* du Cambout, & scellée du sceau de ses Armes, par *Guille* de la Cinsme, à très-puissante Dame Madame *Jehanne*, *Fille du Roi de Navarre*, *Vicomtesse de Rohan*, pour raison de la somme de huit livres à valoir sur ce que *madite* Dame pouvoit devoir.

No. 27. Acte en original passé au Château d'Aumale devant Jean Bodin, Tabellion Juré, & établi au Duché & Pairie d'Aumale, & sous le Sceau dudit Duché, le vingt-neuvieme jour de Novembre l'an de Grace 1586, par lequel acte, *Très-haut & Illustre*

Prince Monſeigneur Charles de Lorraiñe Duc d'Aumalle, Pair & Grand Veneur de France, &c. Confeſſe avoir été bien & dehument informé d'un certain tranſport en datte du vingt-troiſieme jour dudit mois de Novembre, paſſé devant Louis Roſe & François Croiſet, Notaires à Paris, ledit tranſport fait par Très-haute & Illuſtre Princeſſe Madame Marie de Lorraine, ſon épouſe, tant en ſon nom que comme procuratrice dudit Seigneur, en faveur de Me. Jean Hinſelin *Nagueres*, leur chevaucheur, de la ſomme de *vingt-cinq mille écus*, à eux due *par Hauts & Puiſſants Prince & Princeſſe Meſſire Louis de Rohan, Prince de Guemenè, & Dame-Françoiſe de Laval, ſon Epouſe.*

J'ai dans mon Cabinet un grand nombre de Titres concernants la maiſon de Rohan; la foibleſſe de ma ſanté ne me permet pas d'en donner les extraits : il y a quatorze à quinze ans que j'ai donné un Ouvrage concernant cette maiſon ; cet Ouvrage eſt en manuſcrit ; j'en ai conſervé la minute ; la maiſon de Rohan ne m'avoit pas donné ordre d'y travailler : mon zèle a été mon guide, & la vérité l'a été également : j'ai prouvé dans cet Ouvrage, que la maiſon de Rohan eſt iſſue des anciens Rois de Bretagne, & que cette maiſon a eu le rang des Princes étrangers en France.

J'ai remis des copies de mon Ouvrage à M. le Prince de Soubiſe, à M. le Prince *Louis* de Rohan, à Madame la Comteſſe de Marſan & à Madame la Comteſſe de Brionne; j'en ai remis auſſi une copie à feu Monſieur l'Abbé Sallier, Garde de la Bibliotheque du Roi.

Fin de mon cinquième Tome.

APPROBATION.

J'AI lu par ordre de Monseigneur le Chancelier, le Manuscrit de Monsieur le Chevalier Blondeau, intitulé : *Dictionnaire de Titres originaux pour les Fiefs, le Domaine du Roi, l'Histoire, la Généalogie, & généralement tous les objets qui concernent le Gouvernement de l'Etat, ou, Inventaire Général du Cabinet du Chevalier Blondeau de Charnage, ci-devant Lieutenant d'Infanterie*, & je n'y ai rien trouvé qui en doive empêcher l'impression, à Paris ce 5 Février 1764.

Signé, BOUDOT.

PRIVILEGE DU ROI.

LOUIS, par la grace de Dieu, Roi de France & de Navarre. A nos amés & féaux Conseillers les gens tenans nos Cours de Parlemens, Maîtres des Requêtes ordinaires de notre Hôtel, Grand-Conseil, Prévôt de Paris, Baillifs, Sénéchaux, leurs Lieutenants Civils & autres nos Justiciers qu'il appartiendra : SALUT. Notre amé le *Chevalier Blondeau de Charnage* nous a fait exposer qu'il desireroit faire imprimer & donner au Public un Ouvrage de sa composition, qui a pour titre : *Inventaire Général de son Cabinet*, s'il nous plaisoit lui accorder nos Lettres de Privilége pour ce nécessaires. A CES CAUSES, voulant favorablement traiter l'Exposant, nous lui avons permis & permettons par ces Présentes de faire imprimer sondit Ouvrage autant de fois que bon lui semblera, & de le faire vendre & débiter par-tout notre Royaume, pendant le tems de dix années consécutives, à compter du jour de la date des Présentes. Faisons défenses à tous Imprimeurs, Libraires & autres personnes, de quelque qualité & condition qu'elles soient, d'en introduire d'impression étrangere dans aucun lieu de notre obéissance ; comme aussi d'imprimer, ou faire imprimer vendre, débiter ni contrefaire ledit Livre, ni d'en faire aucun Extrait, sous quelque prétexte que ce puisse être, sans la permission expresse & par écrit dudit Exposant, ou de ceux qui auront droit de lui, à peine de confiscation des Exemplaires contrefaits, de trois mille liv. d'amende contre chacun des Contrevenans, dont un tiers à Nous, un tiers à l'Hôtel-Dieu de Paris, & l'autre tiers audit Exposant ou à celui qui aura droit de lui, & de tous dépens dommages & intérêts; à la charge que ces Présentes seront enregistrées tout au long sur le Régistre de la Communauté des Imprimeurs & Libraires de Paris, dans trois mois de la date d'icelles; que l'impression dudit Ouvrage sera faite dans notre Royaume & non ailleurs, en bon papier & beaux caractères, conformément à la feuille imprimée attachée pour modéle sous le contre-scel des Présentes, que l'Impétrant se conformera en tout aux Réglemens de la Librairie, & notamment à celui du 10 Avril 1725. Qu'avant de l'exposer en vente, le Manuscrit qui aura servi de copie à l'impression dudit Ouvrage, sera remis dans le même état où l'Approbation y aura été donnée, ès mains de notre très-cher & féal Chevalier, Chancelier de France, le sieur de Lamoignon, & qu'il en sera ensuite remis deux Exemplaires dans notre Bibliothéque publique, un dans celle de notre Château du Louvre, un dans celle du sieur de Lamoignon, & un dans celle de notre très-cher & féal Chevalier, Vice-Chancelier & Garde des Sceaux de France le sieur de Maupeou; le tout à peine de nullité des Présentes; du contenu desquels vous mandons & enjoignons de faire jouir ledit Exposant & ses ayans causes pleinement, sans souffrir qu'il leur soit fait aucun trouble ou empêchement, Voulons que la copie des Présentes qui sera imprimée tout au long au commencement ou à la fin dudit Ouvrage, soit tenue pour duement signifiée, & qu'aux Copies collationnées par l'un de nos amés & féaux Conseillers-Secrétaires, foi soit ajoutée comme à l'original. Commandons au premier notre Huissier ou Sergent ſur ce requis ; de faire pour l'exécution d'icelles tous Actes requis & néceſſaires, ſans demander autre permiſſion, nonobſtant clameur de haro, Charte Normande & Lettres à ce contraires. Car tel eſt notre plaiſir. Donné à Paris le quatorziéme jour du mois de Mars, l'an de grace mil ſept cent ſoixante-quatre, & de notre Regne le quarante-neuviéme.

PAR LE ROI EN SON CONSEIL.

LE BEGUE.

Regiſtré ſur le Regiſtre XVI de la Chambre Royale & Syndicale des Libraires & Imprimeurs de Paris, n°. 1126, fol. 86, conformément au Réglement de 1723, qui fait défenſes, art. 41, à toutes perſonnes, de quelque qualité & condition qu'elles ſoient, autres que les Libraires & Imprimeurs, de vendre en leurs noms, ſoit qu'ils s'en diſent les Auteurs ou autrement, & à la charge de fournir à la ſuſdite Chambre neuf Exemplaires preſcrits par l'article 108 du même Réglement. A Paris ce 22 Mars 1764.

Signé, LECLERC, Adjoint.

www.ingramcontent.com/pod-product-compliance
Ingram Content Group UK Ltd.
Pitfield, Milton Keynes, MK11 3LW, UK
UKHW020913180726
13838UKWH00002B/516

9 782329 342085